AF814642

Abhandlungen

des

kriminalistischen Seminars

an der Universität Berlin.

Herausgegeben

von

Dr. Franz v. Liszt,

ord. Professor der Rechte zu Berlin.

Neue Folge. Vierter Band. 1. Heft.

Hermann U. Kantorowicz: Goblers Karolinen-Kommentar und seine Nachfolger.

Berlin 1904.

J. Guttentag, Verlagsbuchhandlung,

G. m. b. H.

Goblers Karolinen-Kommentar

und seine Nachfolger.

Geschichte eines Buches

von

Hermann U. Kantorowicz,
Dr. iur.

Berlin 1904.
J. Guttentag, Verlagsbuchhandlung,
G. m. b. H.

Der

Gesellschaft für Rechtswissenschaftslehre

dargebracht.

Inhalt.

Vorwort.

Eine doppelte Aufgabe stellte ich mir bei meiner Arbeit. Einerseits sollte für Goblers Kommentar das geleistet werden, was vor zwei Menschenaltern Carl Georg v. Wächter für Goblers Übersetzung geleistet hatte: eine Ehrenrettung, die ihn aus der Verachtung, in welche dieser angeblich schlechteste Karolinenkommentar gefallen war, emporhebt zum Range des besten der älteren Kommentare, welcher ihm, rechts- und kulturgeschichtlich gewürdigt, gebührt. Es galt zu zeigen, daß wir in Goblers Kommentar ein Werk besitzen, das als erstes und lange Zeit einziges germanischen Rechtsquellen einen hervorragenden Platz in der einseitig italisierenden Strafrechtswissenschaft seiner Zeit gewährte, manche wertvolle Fingerzeige für die historische Erkenntnis der Carolina liefert, und nicht nur in juristischer Hinsicht seinen hier kurz betrachteten nächsten Nachfolgern überlegen ist, sondern auch schon als charakteristisches Produkt der deutschen Wissenschaft im Zeichen der Renaissance wertvoll bleibt.

Weiter wollte ich schildern, wie Goblers Werk anfangs von dem berühmtesten Kriminalisten der Zeit, Jodocus Damhouder, geplündert worden ist, dann aber durch die Ungunst der Verhältnisse in Verschollenheit geriet, aus der es der Spürsinn der Forscher nur allmählich hervorzog, und nun — habent sua fata libelli — unter wunderlicher Verkettung sich häufender

Zufälle die Anerkennung der Übersetzung langsam stieg, die des Kommentars aber fortdauernd sank.

Somit ergab sich als weitere Aufgabe: an einem möglichst eingehend ausgeführten Beispiel ad oculos zu demonstrieren, wie sehr im Argen noch die Geschichte der älteren Rechtswissenschaft liegt, wie sie von Irrtümern, Mißverständnissen und Verdrehungen ganz durchsetzt ist, und in wie hohem Maße insbesondere Stintzings gefeiertes Werk, das Abhülfe gebracht zu haben schien, in dieser Beziehung versagt.

In einem Anhang gebe ich einen Beitrag zu der bekannten Controverse über die Prinzeps der Carolina auf Grund handschriftlicher Eintragungen in meinem Goblerexemplar.

Westend bei Berlin, den 1. März 1904.

Abkürzungen mehrfach zitierter Werke.

Zugleich Literaturverzeichnis.*)

Abegg, Ed. = J. F. H. Abegg, J. Gobleri interpretationem constitutionis criminalis Carolinae ex unica, quae exstat edit. Basil. M. D. XLIII et G. Remi Nemesin Carulinam ex altera edit. Herborn. Nassov. CIƆIƆC denuo vulgavit notasque adjecit. 1837.

Abegg, A. 1835 = Abegg, Bemerkungen über den strafrechtlichen Teil von Justinus Goblers Rechten-Spiegel und gerichtlichem Prozeß. Archiv des Kriminalrechts, Neue Folge, 1835, S. 1 ff.

Abegg, A. 1837 = Abegg, Einige Bemerkungen über J. Goblers Übersetzung der P. G. O. nebst Beschreibung eines zu Breslau befindlichen Exemplars derselben. Archiv des Kriminalrechts, Neue Folge, 1837, S. 306 ff.

Abegg, A. 1839 = Abegg, Noch einige Bemerkungen über die Original-Ausgabe von J. Goblers Übersetzung der Peinl. Gerichts-Ordnung. Archiv des Kriminalrechts, Neue Folge, 1839, S. 299 ff.

Abegg, A. 1855 = Abegg, Noch einige Bemerkungen über die lateinischen Übersetzungen der Carolina. Archiv des Kriminalrechts, Neue Folge, 1855, S. 549 ff.

Archiv = Archiv des Kriminalrechts, Neues Archiv des Kriminalrechts, Archiv des Kriminalrechts, Neue Folge.

A. D. B. = Allgemeine Deutsche Biographie, v. Gobler, 1879, IX, 301, (v. Eltester).

Biener = F. A. Biener, Beiträge zu der Geschichte des Inquisitionsprozesses und der Geschworenen-Gerichte. 1827.

G. W. Böhmer = G. W. Böhmer, Handbuch der Literatur des Kriminalrechts. 1816. S. 56f.

Brunnenmeister = E. Brunnenmeister, Die Quellen der Bambergensis. 1879.

Catalogue = Catalogue of printed Books. British Museum, v. Gobler, 1888.

Geib = G. Geib, Lehrbuch des Deutschen Strafrechts. Erster Band. Geschichte. 1861. S. 291.

*) Die durch gesperrt gedruckte Abkürzungen bezeichneten Schriften enthalten auf den angegebenen Seiten Goblers Werk betreffende Stellen.

Güterbock = C. Güterbock, Die Entstehungsgeschichte der Carolina. 1876.
Herrmann = E. Herrmann, Besprechung von Abegg [Ed.] in Richters kritischen Jahrbüchern für deutsche Rechtswissenschaft, 1838, Heft X, S. 893 ff.
Holtzendorff = F. v. Holtzendorff, Rechtslexikon, v. Göbler, 3. Aufl. 1881. II, 192, (Teichmann).
Koch = J. Ch. Koch, Hals- oder Peinliche Gerichtsordnung Kaiser Karls V. 5. Aufl. 1800. Vorrede § 11, S. 46 ff.
Kohler, Ed. = J. Kohler und W. Scheel, Die Peinliche Gerichtsordnung Kaiser Karls V. 1900.
Kohler, Bambergensis = J. Kohler und W. Scheel, Die Bambergische Halsgerichtsordnung. 1902.
Kreß = J. P. Kreß, Commentatio succincta in Constitutionem Criminalem Caroli V. 2. Ausg. 1730. Praef. § 1.
Landsberg = E. Landsberg, Geschichte der deutschen Rechtswissenschaft. Dritte Abteilung. 1898.
Muther = T. Muther, Zur Geschichte der Rechtswissenschaft. 1876.
Roßhirt = K. F. Roßhirt, Geschichte und System des deutschen Strafrechts. 1838. I. 251.
Savigny = F. C. v. Savigny, Geschichte des Römischen Rechts im Mittelalter. 2. Ausg. 1834—1851.
Spangenberg, Einl. = E. Spangenberg, Einleitung in das römisch-justinianeische Rechtsbuch. 1817.
Spangenberg, A. 1825 = Spangenberg, Justinus Gobler und seine Übersetzung der Carolina. Neues Archiv des Kriminalrechts. 1825. S. 429 ff.
Stintzing = R. Stintzing, Geschichte der deutschen Rechtswissenschaft. Erste Abteilung. 1880. S. 582 ff. S. 632 f.
Stobbe = O. Stobbe, Geschichte der deutschen Rechtsquellen. 1864. II, 252.
Wächter, G. R. = C. G. v. Wächter, Gemeines Recht Deutschlands. 1844. S. 74 ff.
Wächter, A. 1830 = Wächter, Über die lateinischen Übersetzungen der Carolina und ihre Wichtigkeit für die Auslegung der letzteren. Neues Archiv des Kriminalrechts. 1830. S. 82 ff.
Wächter, A. 1836 = Wächter, Über die deutsche kriminalistische Literatur des XVI. Jahrhunderts. Archiv des Kriminalrechts. Neue Folge. 1836. S. 115 ff.
Walch = C. F. Walchii Glossarium germanicum interpretationi C. C. C. inserviens. 1790. Introductio S. 60 ff.
Zöpfl = H. Zöpfl, Die Peinliche Gerichtsordnung Kaiser Karls V. Dritte (synoptische) Ausgabe. 1883.

Einleitung.

1. Justinus Gobler[1]) wurde zwischen 1503 und 1505 geboren zu St. Goar am Rhein. Er studierte an deutschen und französischen Hochschulen Philosophie und Jurisprudenz, promovierte in Mainz, war in verschiedenen Stellungen in lübischen, braunschweigischen, münsterischen, nassauischen und frankfurter Diensten tätig, lehnte aber eine Berufung, als Professor nach Marburg zu gehen, ab, und starb in Frankfurt a. M. am 21. April 1567.[2])

2. Er war ein äußerst fleißiger Autor: Jurist, Chronist, Editor, Kompilator, Rhetoriker, Biograph, Dichter und Übersetzer. Von seinen Werken[3]) nennen wir hier:

I. Eigene[4]) Werke.

1. Gerichtlicher Prozeß, zuerst 1536.[5])

---

[1]) Biographische Literatur: Melchiori Adami vitae Germanorum Jureconsultorum. 1620. h. v. Jöcher, Gelehrtenlexikon, h. v. Koch, S. 46 ff. Spangenberg, A. 1825, S. 438 ff. Stobbe, II, 174 N. 35. Muther, S. 153 f., 336, 348. A. D. B., h. v. Stintzing, I, 582 f. Holtzendorff, h. v.

[2]) Nicht 1569, wie Stintzing, I, 583 — wohl infolge Druckfehlers — angibt; daher auch in ihren Lehrbüchern v. Liszt (S. 28) und Finger (S. 48).

[3]) Die bisher beste Übersicht gibt Spangenberg, A. 1825, S. 441 ff. Mehrere bisher teils unbekannte, teils bezweifelte Werke und Ausgaben verzeichnet der Catalogue. Eine sonst nicht bekannte Polizeireformation nennt Holtzendorff (?). Eine „vollständige Anzeige seiner Schriften“ hatte Koch, S. 47 versprochen, aber nicht geliefert. (s. S. 38.)

[4]) s. N. 139.

[5]) Wächter, A. 1836, S. 127 ff.

2. Der Rechten Spiegel, zuerst 1550.[6])
3. Statutenbuch, zuerst 1553.[7])

II. Editionen.

1. Summa Othonis de ordine judiciario. Mainz 1536 im März. 8°. Mainz 1536 im August. 2°. Basel 1543 (bei Oporinus).[8])
2. Summa Othonis Senonensis de interdictis etc. Mainz 1536 im August. 2°.[8a])
3. Ulricus Fabricius, Processus judiciarius. Basel (1541).[9])
4. Pilei, Ic. vetust. opus, seu ordo, de civilium atque criminalium causarum judiciis. Basel 1543 (bei Oporinus).[10])
5. Consilia seu responsa juris clarissimorum Ictorum. 1565.[11])

III. Übersetzungen.

A. Aus dem Griechischen

1. ins Lateinische: Demosthenis oratio de pace. 1548.[12])
2. ins Deutsche: Eine schöne Historie Aristeae. Frf. 1562.[13])

B. Aus dem Lateinischen ins Deutsche:

1. Die Institutionen: Institutiones imperiales latino-germanicae, zuerst 1551.[14])

---

[6]) Dies nicht die einzige Ausgabe (Stintzing, I, 584). Vielmehr sicher die ferneren: 1552, 1558, 1564, 1573, unsicher 1567 u. 1568. Eine holländische Übersetzung erschien in Antwerpen, nach Holtzendorff 1559, nach dem Catalogue 1560. Über dies Buch vergl. Abegg, A. 1835, S. 7 ff. und dagegen Wächter, G. R., S. 80 ff.

[7]) Ferner 1557 (fehlt bei Stintzing), 1558, 1572. Vgl. Wächter, A. 1836, S. 135 ff. Es wurde auch ins Holländische übersetzt, zuerst 1556. (Birnbaum, Archiv 1831, S. 444, N. 128.)

[8]) Savigny, IV, 380.

[8a]) Savigny VI, 47. IV, 380. Steht vor der zweiten Ausgabe des unter II, 1 genannten Werks.

[9]) Stintzing, I, 583, N. 1, gibt s. a. an. Unsere wohl richtige Angabe nach dem meist verläßlichen Katalog der Reichs-Gerichts-Bibl. I, 242.

[10]) Vergl. Spangenberg, A. 1825, S. 450, N. 6. Savigny, IV, 341 f. Von Savigny, VII, 288 irrig als Schrift des Placentinus bezeichnet.

[11]) Stintzing, I, 525, 527, 585.

[12]) Nach dem Catalogue. Vergl. Spangenberg, A. 1825, S. 450 Nr. 10.

[13]) Nach dem Catalogue. Vergl. Spangenberg, A. 1825, S. 450, Nr. 4.

[14]) Spangenberg, Einl., S. 359 ff., id., A. 1825, S. 443. Stobbe, II, 166,

2. Die Novellen und die Epitome Juliani, zuerst 1564.[14a])
3. Der Hexabiblos des Harmenopoulos: Handbuch und Auszug Kaiserlicher und Bürgerlicher Rechten, zuerst 1564.[15])

C. Aus dem Deutschen ins Lateinische:

1. Die Carolina. Basel 1543 (bei Oporinus). Sie bildet den Gegenstand dieser Schrift.
2. Der Wormser Landfrieden von 1521. 1543; steht hinter dem eben genannten Werk.[16])
3. Die Lübische Chronik von H. Bonn. Basel 1543. (bei Oporinus).[17])
4. Die Kammergerichtsordnung von 1548, nebst 10 anderen Reichsgesetzen[18]): Imperialis judicii camerae constitutio et ordinatio a divo Carolo Quinto Imperatore et D. Ferdinando primo, divis fratribus Augustis .... edita.... Iam recens in lucem edita. 1564.[19])
5. Die Reichspolizeiordnung von 1548. 1566. (?)[20])

3. Jedoch nicht dieser Fülle der Schriften, von der schon unsre Auswahl ein Bild gibt, verdankt Goblers Name heute seine Bekanntheit, sondern allein dem einen, oben unter III, C, 1 genannten Werke. Es enthält, wie jeder weiß, die erste Übersetzung,[21]) den ersten Kommentar, und damit zugleich die erste

---

N. 6. Stintzing, I, 584; hier fehlt die Ausgabe von 1569, Frf. a. M., ohne lateinischen Text. Spangenberg, Einl., S. 361.

14a) Eine Ausgabe von 1576, wie Stintzing, I, 585 angibt, existiert nicht.

15) Nicht 1566, wie Stintzing, I, 240 (wohl nach Spangenberg, A. 1825 S. 449) angibt; dagegen richtig I, 585 (wohl nach Stobbe II, 166, N. 8). Erst aus dem Lateinischen übersetzt.

16) Siehe unten S. 19.

17) Dies ist also schon das dritte von Gobler bei Oporinus 1543 verlegte Werk. (Vergl. oben II, 1, 4 und III, C, 1, 2.) Sollte es bei einem so regen Geschäftsverkehr nicht unwahrscheinlich sein, daß er der Verfasser des im Jahre darauf gegen Oporinus gerichteten „unverschämt frechen“ Pamphlets ist, wie Muther S. 348 annimmt?

18) Aufgezählt bei Spangenberg, A., 1825, S. 446f.

19) Holtzendorff nennt 1566 (?).

20) Diese Jahreszahl nach Stobbe, II, 202, N. 87. 1565 hat Koch, S. 48.

21) Es erschienen lateinische, holländische, französische, polnische Übersetzungen; vergl. G. W. Böhmer, § 18, Geib, I, §§ 52, 53, Dargun, Die

wissenschaftliche Behandlung überhaupt des größten Gesetzes des alten Reiches, und bildet den Gegenstand dieser Arbeit.

Eine genaue Beschreibung des Folianten müssen wir voraussenden, da sie für das Verständnis des folgenden unentbehrlich ist und auf die schon vorliegenden drei Beschreibungen[22]) nicht verwiesen werden kann, weil sie trotz Autopsie der Verfasser voller Fehler sind.

S. (1) Titelblatt mit folgendem Titel in orthographisch genauem[23]) Abdruck:

AVGVSTISSIMI
IMPERATORIS CAROLI
QVINTI DE CAPITALIBVS IVDICIIS CON-
ftitutio, Germanicè primum euulgata, nuncq3[24]) à D. IVSTINO
GOBLERO Goarino Iurecons. in Latinum uersa,
& aequo Commentario aucta.

Acceßit quoq3,
EIVSDEM CAROLI QVINTI IMPERATO-
ris Rom. Conftitutio de Pace publica tenenda, Vuormaciæ
edita, atque è uernacula lingua per eundem D. IV-
STINVM GOBLERVM in
Latinam traducta.

Item,
IN L. RESPICIENDVM, TIT. PANDECTA-
rum de Pœnis, fuccincta ad æquitatis commendationem
Explanatio, Eodem D. IVSTINO
GOBLERO autore.

Cum Cæf. Maiest. gratia & privilegio
ad quinquennium.

B A S I L E A E.

Rezeption der peinlichen Halsgerichtsordnung Kaiser Karls V. in Polen, Zeitschrift der Savignystiftung für Rechtsgeschichte, germanistische Abteilung, 1889, Bd. X, S. 168ff.; dagegen sonderbarerweise weder eine niederdeutsche, wie von der Bambergensis (Kohler, Bambergensis § 10), noch jemals eine neudeutsche — obwohl doch die späteren Aufklärer so sehr für die Kenntnis des Gesetzes seitens des Volkes eintraten und in der Tat auch eine solche Übersetzung der Carolina von Staats wegen verlangten.

22) Koch, S. 55f., Spangenberg, A. 1825, S. 429ff., Abegg, A. 1837, S. 309ff. (Abegg gab gleichzeitig Gobler neu heraus, s. u. S. 44ff.)

23) Sehr ungenau bei Koch, S. 55. Über die Konsequenzen s. u. S. 41f.

24) Diese Abkürzung hat Stobbe, II, 252 falsch aufgelöst, indem er statt nuncque = jetzt schrieb nuncquam = niemals.

S. (2) leer. S. (3)—S. (4) Widmung der Übersetzung und des Kommentars an Kaiser Karl, unterzeichnet: Datum Munda (!)[25][26]). S. (5)—S. (6) Übersetzung der Vorrede des peinlichen Halsgerichts. S. 7—S. 156, Bogen a4—n, Übersetzung des Gesetzes nebst Kommentar, unter einem vom Buchtitel etwas abweichenden Kopftitel. Als Kolumnentitel läuft von S. 8 (dafür durch einen Druckfehler die Zahl 10) und S. 9 ab über je zwei einander gegenüberliegende Seiten: Constitutio Caroli V. Imp. — Iust. Goblero interprete. Zuerst ist die Überschrift der Artikel übersetzt, wo eine solche vorhanden; wo nicht, steht manchmal das Wort „Textus“[27]). Dann ist der Artikel selbst übersetzt.[28]) Sodann folgt in kleinerer Schrift bei der Mehrzahl[29]) der Artikel der zu dem betreffenden Artikel gehörige Kommentar, der als Überschrift das Wort „Auctarium“ trägt und, so oft er sich auf mehrere bestimmte Punkte bezieht, mit dem betreffenden Stichworte in gesperrten Versalien anfängt. Außerdem sind zu einigen Artikeln kurze Marginalnoten vorhanden.[30]) Am Rande eines jeden Artikels steht in arabischen Ziffern die Nummer des Artikels, außer wo sie durch ein Versehen ausgefallen ist; dies sind die Ziffern 1, 2, 193[31]), 217; statt 25 steht 15, statt 191 steht 161. Die Zählweise der Artikel ist von der des Originals teilweise verschieden: Art. 26 ist zu Art. 25 gezogen, sodaß Gobler um eine Ziffer zurückbleibt, bis zu Art. 72 [= 73], der in zwei Artikel, 72 und 73 gespalten wird. Die Ziffer 194

[25]) Münden, nicht Minden.

[26]) Gobler war damals Präsident am Hofgericht in Münden (Spangenberg, A. 1825 S. 1439).

[27]) Nicht immer, wie Abegg, A. 1837 S. 316 N. 19 angibt. Z. B. nicht bei Art. 199—202, 207—214, 216, u. s. w.

[28]) Doch fehlen die letzten zwei Abschnitte des Art. 192.

[29]) Keineswegs allen Artikeln, wie Spangenberg, A. 1825 S. 433 angibt.

[30]) Diese sind von keinem Autor bemerkt worden. Sie stehen bei Art. 29, 30, 36, 111, 112, 150, 152, 153.

[31]) Obwohl Abegg, A. 1837 selbst auf S. 318 angibt, daß die Bezeichnung des Art. 193 fehlt, hat er aus ganz unverständlichen Gründen in seiner Ausgabe S. 206 diese Zahl nicht am gehörigen Ort ergänzt, sondern sie willkürlich zum zweiten Teile des Art. 192 gestellt, und dann diese Abweichung vom Original auf S. XII N. 11 seiner Ausgabe Goblern zugerechnet!

steht nicht bei diesem Artikel, der vielmehr gar keine Ziffer hat, sondern bei Artikel 195, sodaß Gobler wieder um eine Ziffer zurückbleibt, bis zu Art. 206 [= 207], der wieder in zwei Artikel, 206 und 207 gespalten wird. Vom Artikel 213 ist der erste Satz zu Art. 212 geschlagen.[32]) Im übrigen stimmen die

---

[32]) Hätte Abegg das von ihm herausgegebene Werk ein wenig genauer angesehen, so hätte er sofort merken müssen, daß es sich nur um Versehen des Druckers, nicht des Autors handelt. Denn alle Verweisungen im Text von einem Artikel auf den andern stimmen unter sich und mit dem Original überein, nicht aber mit der Zählung im Buche selbst, so daß das Versehen erst bei der Drucklegung geschehen sein kann. Von den zahllosen Beispielen nur zwei: Die Carolina verweist im 101. Artikel auf den 196., und ebenso Gobler; der Druck zählt aber den bezogenen Artikel als 195. Die Marginalnote zu Artikel 30 [= 31] verweist mit den Worten „idem dicit infra significantius" auf den Art. 56, der aber nun die Nummer 55 trägt, und das Auctarium zu diesem weist wieder zurück auf den Art. 31, der aber nun die Nummer 30 trägt. Das Versehen des Druckers bei Art. 25 ist während der Drucklegung bemerkt, aber auf ungeschickte Weise behoben worden. Es wurde nämlich Art. 72 [= 73] dadurch in zwei Teile gespalten, daß man hinter die ersten vier Zeilen ein Auctarium setzte. Eben dadurch aber hat sich die Eigenmacht des Druckers verraten; denn es beginnt mit den Worten: „De publicatione testium hoc loco sic satis prolixe et manifeste agit" (sc. Imperator), gehört also an den Schluß des sehr langen Artikels 73. Wie der Drucker zu jenem Versehen kam, läßt sich leicht erraten. Infolge eines — bisher noch nicht bemerkten — Redaktionsfehlers hatte die Carolina in Art. 27 die Worte „jn nechstem obgsatztem artikell werden acht Argkwanige theill... funden" stehen gelassen, obwohl diese singularische Form seit dem dritten Projekt von 1529 nicht mehr paßte. Denn dieses hatte (vergl. Zöpfl S. 32—33 und Güterbock S. 278) den ehemaligen Art. 34b des Projekts von 1521 als Art. 26 hinter Art. 25 gestellt, und es hätte nun die Carolina in Art. 27, der sich nun auf Art. 25 + 26 bezieht, von diesen im Plural reden müssen. Da nun Gobler getreulich: proximo articulo übersetzte, glaubte der Drucker, daß die acht erwähnten Indizien in einem Artikel stehen müßten. Das Versehen bei Art. 192—194 erklärt sich dadurch, daß hier der Satz in Unordnung geraten war (vergl. N. 28); das Versehen bei Art. 213 ist Zufall. Dagegen hat Abegg, A 1837 S. 315f. geglaubt, daß man diesen Umstand „nicht erklären könnte", außer wenn man annimmt, daß Gobler als Vorlage benutzt habe nicht die erste Ausgabe der Karolina, sondern „eine der späteren, welche in der Zählungsweise von der früheren abweicht". Jedoch dieser „sprechende Beweis" zerschellt an der einfachen Tatsache, daß es eine dementsprechende Ausgabe der Carolina gar nicht gibt! Der bekannte Schwarzenberg-Biograph Herrmann trat dieser Abeggschen Hypothese ausdrücklich bei! (S. 895) — Welche Vorlage Gobler benutzt hat, läßt sich bei den geringen Abweichungen

Zahlen überein. Am Schlusse dieses, des ersten Teils: Constitutionis causarum criminalium Caroli V. Imp. & auctariorum D. Iustini Gobleri in eandem, Finis.

S. 157—175, Bogen o und p, Übersetzung des Wormser Landfriedens von 1521, unter einem vom Buchtitel etwas abweichendem Kopftitel, mit dem Druckfehler MDXIX statt MDXXI; meist in Kursivschrift, ohne Anmerkungen.[33] Der alte Kolumnentitel läuft weiter. Am Schlusse dieses, des zweiten Teils: Finis pacificae constitutionis.

S. (176) leer. S. (177) Titelblatt des Kommentars zur Lex respiciendum[34], der die Seiten 177—205, Bogen q, r, s umfaßt. Der Titel ist gegen den Haupttitel etwas verändert. S. (178) leer. S. 179—181 Widmung an König Ferdinand, unterzeichnet: Datum Mundae 1543.[35] S. 182—184 oben, Praefatio an den Leser, mit wieder verändertem Kopftitel. S. 184 ferner: Abdruck der Lex. S. 185—205 die Explanatio Legis, die den Gesetzestext, Stück für Stück, unter Voransetzung der jeweiligen Stichworte, erläutert. Am Schlusse dieses, des dritten und letzten Teils: In Legem respiciendum explicationis D. Iustini Gobleri Iurecons. Finis.[36]

---

der einzelnen Drucke nicht entscheiden, außer daß er allerdings auf dem Standpunkt der verbesserten Ausgaben von 1534 an zu stehen scheint (vergl. das Verzeichnis der Verbesserungen bei Kohler S. XLIIf.). Weiter läßt sich nichts sagen. Zeitlich in Betracht kommen die Ausgaben 1—7 des Kohlerschen Verzeichnisses (S. XXIff.) und die Kölner Ausgabe von 1538 (Kohler XXXIII). Diese hat eine allerdings andere Zählungsweise, aber keineswegs die des Goblerdrucks, da sie nur 181 Artikel zählt. — An die Benutzung etwa eines MS. der Carolina durch Gobler ist natürlich überhaupt nicht zu denken.

33) Über Goblers Anlaß, dies Werk anzuhängen, s. u. S. 56.

34) Der Anlaß, dies Werk anzufügen, lag darin, daß zu Goblers Zeiten, sowie schon lange vorher und noch lange nachher, diese Lex (D. 48, 19, 11.) als Quintessenz aller strafrechtlichen Weisheit galt.

35) Aus dieser geht hervor, daß als Gesandter seines Herzogs Erichs d. Ä. Gobler öfters am Hofe Ferdinands persönlich mit diesem zu verhandeln hatte.

36) Spangenberg, A. 1825 S. 433 u. S. 442 N. 21, und Abegg, A. 1837 S. 318f. vermuteten aus unschlüssigen Gründen, daß dieser Kommentar auch getrennt ausgegeben wurde. Dies ist richtig, wie ich aus folgendem schließe. 1. Dieser Teil ist vom vorangehenden durch ein leeres Blatt getrennt. 2. Er hat ein besonderes Titelblatt, mit besonderem Privilegienvermerk, besonderem Verlags-

S. (206) enthält die Worte:

Series chattarum.
a b c d e f g h i k l m n o p q r s
Omnes terniones, praeter p & q duerniones
Basileae, ex officina Ioannis
Oporini, anno salutis
M. D. XLIII. Mense Augusto.

S. (207) leer.[37] S. (208)[37] enthält das Druckerzeichen des Oporinus, Arion auf dem Delphin, mit der Umschrift: virtuti nulla est via invia.

Fast jede Seite hat Kustoden.

Eine andere Ausgabe ist vor der Abeggschen Edition von 1837[38]) nicht erschienen.

---

ortvermerk (Basileae) und leerer Rückseite. 3. Er umfaßt gerade drei Bogen. 4. Er hat eine besondere, datierte, Widmung, und zwar an einen anderen, nämlich König Ferdinand. 5. Er hat eine besondere Vorrede an den Leser. 6. Weder Widmung noch Vorrede nehmen auf einen räumlichen Zusammenhang mit den vorangegangenen Teilen Bezug, obwohl in der Vorrede die Carolina erwähnt wird. 7. In dieser Vorrede sagt Gobler von seinem Kommentar: „offerimus in Medium, ut sit argumentum ac specimen eius Commentarii sive Auctarii, quod in Imperialem Caroli Quinti publicorum iudiciorum Constitutionem instituimus". (S. 183.) Er muß also auf nicht notwendig die gleiche Leserschaar gerechnet haben. — Wohl aber spricht nichts dafür, daß auch die Übersetzung des Landfriedens besonders herausgekommen, oder umgekehrt Carolina und Landfrieden ohne den dritten Teil herausgekommen sind, wie Spangenberg, A. 1825 S. 442 N. 21 und S. 433 anzunehmen geneigt ist.

37) In Abeggs Beschreibung (A. 1837) vergessen; nachgeholt in einer weiteren Beschreibung A. 1839, S. 301. In meinem Exemplar fehlt das Schlußblatt.

38) s. S. 43 ff.

I. Kapitel.

Die Schicksale des Buches.

4. Der wie es scheint erste Autor, der Goblers Werk benutzt hat, ist Iodocus Damhouder.[39]) In seiner berühmten Praxis rerum criminalium[40]) cap. 113, § 12, heißt es, nachdem er wörtlich einen von Gobler in seinem Auctarium zu Art. 173 angeführten Ausspruch des Menelaus über das Sacrilegium abgedruckt hat: „uti eleganter commemorat D. Justinus Goblerus Goarinus, Jureconsultus nequaquam incelebris, et variae multaeque lectionis [Belesenheit] in suis Commentariis (quae summa cum laude edidit) super constitutione Augustissimi Imperatoris Caroli V. de capitalibus iudiciis.“

Dies auffällige Lob des sonst nur trocken aufzählenden Holländers läßt vermuten, daß er von Goblers Commentarien einen ausgiebigen Gebrauch gemacht, d. h. ihn in der Weise der Zeit plagiiert hat. Nur schließt jene eben zitierte, soweit ich finden kann, einzige Benennung Goblers unmittelbar an den wörtlichen, nur zusammengezogenen, Abdruck seines Auctariums zu Art. 173 an (l. c. § 11). Damit ist der Beweis erbracht, daß, wenn irgendwo Damhouder und Gobler wörtlich übereinstimmen, nicht etwa beide aus einer dritten Quelle abgeschrieben haben, sondern er unmittelbar von Gobler. Solche wörtliche

---

39) 1507—1581.

40) Zuerst 1554, gleichzeitig lateinisch, flämisch und auch französisch. Letztere Angabe auf Grund der Einsicht eines Exemplars beim Antiquar Harrwitz, Berlin — gegen Stintzing, I, 605. Auch heißt es nicht Practica (Stintzing l. c.), sondern Praxis. Die Bibliographie dieses Werkes ist noch nicht genügend geklärt. Wir zitieren nach der Ausgabe von 1601.

Übereinstimmungen aber finden sich in dem einflußreich gewesenen aber sehr zu Unrecht berühmten Werke Damhouders auf Schritt und Tritt, ja man kann sagen, daß der halbe Goblersche Kommentar sich an den passenden Stellen des dickleibigen Buches eingestreut findet. Überall, wo die gediegene Langweiligkeit des Holländers durch einen Strahl „eleganter“ humanistischer Belesenheit erhellt wird, ist Gobler die nie genannte, aber wortgetreu benutzte Quelle. Um nur wenige Stellen anzuführen, so wird in cap. 152 §§ 4, 5 der Art. 79 der Carolina mit den Worten Goblers in der Note zu diesem Artikel „benigna et Christiana constitutio“ genannt und dargestellt. Im Anschluß daran wird Art. 103 C. C. C. behandelt und hierbei der ganze Kommentar mit sämtlichen Citaten abgedruckt. Goblers gelehrter Kommentar zu Art. 116, der allerlei Fälle widernatürlicher Unzucht bei den Römern aufzählt, ist bis zu den Worten „C. de adult“ abgedruckt in cap. 98 § 8, und der Rest in cap. 98 § 31. Goblers Kommentar zu Art. 135 (Selbstmord) ist von den Worten „Non enim fortis est hominis“ bis „ubi de fortitudine disserit“ abgedruckt in cap. 90 § 12. Höchst charakteristisch ist es hierbei, wie Damhouder, um zu zeigen, daß auch er klassische Bildung besitzt, aus Goblers („inquit Aristoteles“) macht („inquit magni nominis philosophus Aristoteles“) — eine ungefährliche Ergänzung, während er sich sonst an Goblers Worten nur Kürzungen gestattet. So gibt er, während Gobler mit drei Zitaten aus Aristoteles heranrückt, in denen dieser den Selbstmord verwirft, nur das erste wieder, während er die beiden anderen mit den Worten abfertigt: „et similia vide apud Aristotelem lib. 3 Ethicorum, ubi de fortitudine disserit; eundem etiam vide lib. 5. quae compendii ac fastidii evitandi gratia omittimus.“ Allzuviel Gelehrsamkeit war ihm nicht geheuer; er läßt daher auch sonst gern einige Citate, die Gobler bringt, fort, und während Menelaus bei Gobler in der oben genannten Stelle griechisch und lateinisch spricht, kann er bei Damhouder nur lateinisch.[41]) Auch Goblers

---

[41]) Daß Damhouder sein Werk im wesentlichen aus der „Practijcke crimineele“ des Genter Philips Wielant (1439—1519) abgeschrieben hat (van Hamel,

Übersetzung hat er manchmal in den Text aufgenommen, freilich ohne die C. C. C. zu nennen — wonach die bisher unbestrittene Meinung, daß er die Carolina fast nicht berücksichtigt habe, neu geprüft werden muß. Z. B. ist cap. 75, pr. und § 1 ein fast wörtlicher Abdruck von Goblers Übersetzung des Art. 149, (woran sich dann eine Stelle anschließt, die seinen ganzen Kommentar enthält). Ebenso ist cap. 112 § 31 die Übersetzung von Art. 162.[42]) Da Damhouders Praxis auch ins Deutsche übersetzt wurde (1565 durch Michael Beuther), so sind die Gesetzesstellen wieder ins Deutsche übertragen — nach zweimaliger Übersetzung natürlich in sehr veränderter Gestalt.

Für die nun folgende trostlose Epoche des deutschen Strafrechts,[42a]) die von Schriften Königs, Perneders,[43]) Rauch-

---

Inleiding tot de studie van het Nederlandsche Strafrecht, 1889, I, 51 N. 29), paßt hierzu gut. Damhouder als Kriminalist ist damit erledigt.

[42]) Vergl. S. 40.

[42a]) Wächter, A. 1836, S. 115ff.

[43]) In seiner grundlegenden Abhandlung „Über die deutsche kriminalistische Literatur des 16. Jahrhunderts", Archiv 1836, hat Wächter, der als erster und bis heute letzter diese Epoche des Strafrechts gründlich erforscht hat, zuerst den für die Geschichte der Rezeption der Carolina sehr wichtigen Nachweis erbracht, daß an dem Hauptwerk dieser Zeit, Perneders Halsgerichtsordnung, zwei sehr verschiedene Zustände zu unterscheiden sind: nämlich erstens die von Hunger besorgten Ausgaben, die von 1544—1567 reichen und die Carolina wenigstens nicht ausdrücklich zitieren, und die von 1573 ab von Schrenck besorgten, „eine neue, sehr veränderte Ausgabe der sämtlichen Perneder-schen Werke, besorgt durch Octav. Schrenck, Regimentsrat zu Straubing. Die H. G. O. ist hier sehr vermehrt, besonders durch Auszüge aus Hippolytus de Marsil. († 1525) und ihre Anordnung ist völlig anders, als in den früheren Ausgaben. Sie ist in X Titel und diese sind in numerierte Artikel abgeteilt. Auch ist die Carolina sehr häufig angeführt. Vergl. auch Not. 18." (S. 125, N. 16.) Obgleich nun Stintzing diese Arbeit wohl kennt, denn sie ist die Grundlage seiner Darstellung dieser Zeit und wird demgemäß oft zitiert (S. 576, 630, 634), und obwohl er eine frühere Arbeit Wächters, in der jene Unterscheidung schon aufgestellt worden (Archiv 1834, S. 93: „ganz abweichende Ausgabe"), ebenfalls öfters zitiert (S. 630, 634), obwohl er ferner den § 52 in Geibs Lehrbuch (I, 283f.), in welchem über Wächters Entdeckung ausführlich berichtet wird (S. 286f.), ebenfalls zitiert (S. 630) — schreibt er doch, alle diese Vorarbeiten aus dem Auge verlierend: „Bei der Beurteilung dieser „Halsgerichtsordnung" ist, was bisher übersehen wurde, die Hungersche Publikation

dorns, Dornecks, Sawrs beherrscht wird, scheint Goblers Übersetzung nicht zu existieren — zum Unterschied von seinen anderen Schriften, die vielfach benutzt d. h. ebenso plagiiert wurden wie sie selbst großenteils Plagiate waren. Es erklärt sich dies sehr einfach dadurch, daß diese durchweg in deutscher Sprache und vom Sekretärstandpunkt geschriebenen, nur für den Gebrauch der ungelehrten Schöffen bestimmten Machwerke weder mit der lateinischen Übersetzung noch mit dem gelehrten Citatenapparat Goblers etwas hätten anfangen können; sie begnügten sich zumeist mit Paraphrasierungen der deutschen Gesetzestexte selbst unter Anführung der gangbarsten Namen der Postglossatoren und der drei Kriminalisten Gandinus, Aretinus und Hippolytus. Aber auch bei Vigelius, dessen Constitutiones Carolinae .... cum iure communi collatae noch in diese Zeit gehören,[44]) darf man Goblers Erwähnung nicht suchen, da jener nur die Artikel der Carolina (und, was übersehen zu werden pflegt, des Landfriedens von 1521) systematisch umordnet, in abstrakteren regulis zu Gruppen verbindet, und mit Citaten hauptsächlich aus dem Corpus juris belegt.

5. Wohl aber dürfen wir erwarten, daß Goblers Konkurrent, Georg Remus, der bekanntlich 1594 eine zweite lateinische Übersetzung, die Nemesis Karulina, mit großem Erfolge

---

durchaus von der Schrenckschen zu unterscheiden" — und stützt diese „Entdeckung" nun mit allen Wächterschen Argumenten! (S. 576f.) Noch befremdlicher aber ist, daß er in einer Polemik gegen Wächter, in welcher dieser übrigens recht hat (es handelt sich um den Einfluß der Carolina auf die ihr folgende Literatur), den Standpunkt Wächters „nur daraus sich erklären" läßt, „daß er den Unterschied der älteren Form von der jüngeren Form dieses Werkes nicht bemerkt hat"!! (S. 631, N. 1.)

[44]) Die erste Auflage dürfte 1583 erschienen sein; Stintzing, I, 437. Seine Angaben sind unmöglich richtig, da bei ihm die Ausgaben von 1603 und 1613 als 4. und 5. erscheinen, während sie sich selbst als 3. und 4. bezeichnen. Ich vermute, daß die Ausgabe von 1596 nicht existiert. Interessant ist dies merkwürdige Buch auch dadurch, daß es in ganz moderner Weise ein Register der behandelten Quellenstellen bringt. Ich benutze die Ausgabe von 1590, welche den Landfrieden schon enthält. (Falsch: Jugler, II, 90 und G. W. Böhmer S. 62.)

herausgab[45]) auf Goblers Vorarbeit sich stützt. Doch vergeblich suchen wir in Text, Kommentar und Vorrede auch nur den Namen Gobler. In seiner Vorrede sagt er selbst, „Habetis libellum . . . vernacula olim publicatum, sed a me toga (ni largiter fallar) indutum.“[46]) Auch die üblichen Glückwunschgedichte, die sonst zumeist die Vorgänger erwähnen, um nun den Autor turmhoch über sie zu stellen, schweigen. Ja sogar, so unwahrscheinlich es auch klingt, es scheint sicher, daß Remus die Arbeit seines Vorgängers noch bei Herausgabe der 5. Auflage (1618) nicht zu Gesicht bekommen hat. Denn wie hätte es sonst dieser eitle und unausgesetzt mit den entlegensten Quellen und griechischen Citaten renommierende Autor über sich gewonnen, die schönsten klassischen Belege, die Gobler in Masse bringt, zu verschmähen und nun stets gerade andere Stellen zu zitieren als jener, eine Regel, die durch die Ausnahme weniger Bibelstellen und dergleichen naheliegendster Quellen natürlich nicht erschüttert wird. Sicher wäre es über seine Kraft gegangen z. B. zum Selbstmordartikel 135 Plato heraufzubeschwören, nicht aber Goblers obengenannte drei Aristotelescitate zu bringen. Und ebensowenig läßt seine Ubersetzung, die freilich keine ist, sondern, wie schon der Titel sagt, eine Paraphrase, die ganz nach Willkür wichtiges wegläßt und noch viel häufiger den Gesetzestext durch lange schwülstige Exkurse im Stile des Barock bis zur Unkenntlichkeit entstellt, eine Anlehnung an Goblers schlichte Wiedergabe erkennen. Daß er freilich in den 24 Jahren, die zwischen der 1. und der 5. Auflage liegen, von dem Werke nicht einmal gehört haben soll, erscheint mir unmöglich — zumal er häufig den Damhouder allegiert, der, wie wir sahen, Gobler einmal nennt, und außerdem „collega atque amicus“ des Philippus Camerarius[47]) war,

45) Stintzing I, 636f.

46) Ähnlich in der Vorrede zur 1. Auflage (abgedruckt in Abeggs Neuausgabe des Gobler und des Remus, S. 6). Ich zitiere nach der Ausgabe letzter Hand, der 5., von 1618. Sie ist nicht wie Koch, Vorrede § 12, trotz Autopsie berichtet, dem Magistrat von Nürnberg, sondern den zwei Augsburger Bürgermeistern Rembold und Imhoff gewidmet. Der Titel ist etwas gegen die erste verändert, der Notenapparat vermehrt.

47) So in der Note zum Art. 219 der Nemesis Karulina. Er lebte von

eines Mannes, der, wie wir sofort sehen werden, in der Geschichte unseres Buches ebenfalls eine Rolle spielt — und auf diese Kenntnis der Existenz seines Vorgängers beziehen sich möglicherweise die oben citierten eingeklammerten Worte (ni largiter fallar), die vielleicht auf ein böses Gewissen deuten.

6. Das Rätsel löst sich einfach dadurch, daß zu Remus Zeiten Goblers Werk infolge des, wie wir sahen. mangelnden Bedürfnisses schon aus der gelehrten Welt verschwunden war. Hierüber verbreitet Licht ein interessanter Briefwechsel zwischen Melchior Goldast (1576/78—1635)[48], dem bekannten Juristen, Humanisten und Allerweltsherausgeber, seinem Freunde, dem bedeutenden Rechtshistoriker und Philologen Marquardus Freher (1565—1614),[49] und dem schon genannten Philippus Camerarius, dem Juristen und Historiker, im Jahre 1609 stattfand.[50] In einem undatierten, aber wie sich zweifellos annehmen läßt, im Juni oder Juli 1609 in Heidelberg geschriebenen Briefe teilt Freher Goldast mit: „Carolinam legem Criminalem Goblero interprete, passim hic inquiro; frustra hactenus. Alias libenter eas gratificarer, si quacunque ratione nancisci potuissem..... Inquiram et Spirae, cum eo venero.“ (Brief 279). Am 1. August desselben Jahres schrieb nun der angefragte Goldast an Philippus Camerarius, wie aus dessen Antwort vom 22. August hervorgeht, er suche „nonnullas constitutiones a Justino Goblero latine redditas“, und es antwortet Camerarius: „Nactus igitur sum Exemplum Francofurti, Anno 1564,[51]) editum.

1537—1624, wurde 1573 Ratskonsulent der Stadt Nürnberg, und war 1581 bis zu seinem Tode der erste Prokanzler der neuen Universität Altdorf. (A.D.B., III, 726.) Remus wurde Ratskonsulent in Nürnberg im Jahre 1600 und sein Nachfolger in Altdorf — stand also in engsten Beziehungen zu ihm.

[48]) Stintzing, I, 734 ff.

[49]) Stintzing, I, 680 ff.

[50]) Der Briefwechsel, auf den Stobbe, II, 252, N. 61, aufmerksam gemacht hat, ist enthalten in: Virorum Cll. et doctorum ad Melchiorem Goldastum, Ictum et Polyhistorem celebratissimum Epistolae. Frankfurt, 1688, 4°.

[51]) Das von Camerarius aufgetriebene Buch war ohne Zweifel das oben

Quare quae in eo continentur, describere curavi, sicut ex inclusa pagina cognosces, quibus tamen constitutiones criminales Carolinae non additae sunt. Neque eas, habita diligenti inquisitione, habere potui." (Brief 287.) Am 27. Dez. 1609 schreibt Freher noch einmal nach Frankfurt an Goldast: „Scribe, an Versionem Goblerianam Ordinationis Carolinae Maleficidis nactus sis. Sin, videbo ut Spirae, quo propediem cogito, eruam" (Brief 316).[52])

Goldast hat auch späterhin sich unser Buch schwerlich verschaffen können. Zwar werden zwei Urteile von ihm hierüber erwähnt, aber mit beiden hat es eine eigentümliche Bewandtnis.

J. P. Kress nämlich berichtet in der Praefatio § 1 zu seinem bekannten Karolinenkommentar,[53]) wo er auf Goblers Übersetzung zu sprechen kommt: „Goldastus p. 4 praefat. ad Rational.[54]) de Goblero ita censet: Et primus quidem Justinus Goblerus Goarinus divorum fratrum Caroli et Ferdinandi nonnullas constitutiones conferre ac interpretari simul voluit, majore quidem industria, quam judicio landandus tamen." — Kress hätte nun auf den ersten Blick sehen müssen, daß Goldast gar nicht über unser Buch urteilt, denn was hatte Ferdinand mit der Carolina zu tun?[55]) Aber er sah es nicht, und daher hat noch 1855 Abegg, der spätere Herausgeber Goblers, auf das „Urteil" Goldasts hingewiesen.[56]) An der gleichen Stelle hat sich

---

S. 15 unter III, C, 4 beschriebene, und, wie wir sofort sehen werden, Goldast schon bekannt.

[52]) Dafür, daß unser Buch schon bald aus dem Verkehr verschwunden ist, spricht möglicherweise auch der Umstand, daß es im Verlagskatalog des Oporinus von 1552 (librorum ... excusorum ... index) noch aufgeführt wird (S. 16, S. 50), nicht aber mehr in dem Katalog von 1569 (Argentorati, exc. Rihelius.; hinter der Leichenrede des Jociscus auf Oporinus [Oratio de ortu ... Oporini ..]).

[53]) Zuerst 1721. Wir zitieren nach der Ausgabe von 1730.

[54]) Gemeint ist ohne Zweifel Goldasts: Rationale constitutionum Imperialium autoschedias sive extemporale. 1607. (Also 2 Jahre vor obigem Briefwechsel.) Graesse, Trèsor de livres rares et précieux. 1862. III, 107.

[55]) Goldast meinte offenbar das ihm später von Camerarius angezeigte Buch (vergl. N. 51), das gleich im Titel von „divo Carolo Quinto Imperatore et D. Ferdinando primo, divis fratribus Augustis" spricht. S. S. 15, III, C, 4.

[56]) Abegg, A. 1855, S. 550.

Abegg irreführen lassen durch ein zweites Urteil Goldasts, dessen Kress in § 5 der Praef. gedenkt. Dies Urteil ist auf folgende Weise, die für die geschichtliche Entstehung falscher Werturteile bezeichnend ist, entstanden. 1532 spricht die Carolina in Art. 135 von einem, der „sein leib vnnd gut verwurckt het, vnnd auss forcht sollicher verschulldter straff sich selbs erdöt." ... Die gesperrt gedruckten Worte übersetzt 1543 Gobler in corpus vitamque — offenbar nur aus Versehen, da er z. B. in 218 richtig leib und gut in corpus und bona überträgt. 1622 schreibt in seinem Karolinenkommentar, welcher ebenfalls eine lateinische Übersetzung enthält, Bernhard Zieritz, der, wie wir weiter unten sehen werden, nach echter Plagiatorenweise seinen Vorgänger Gobler verschweigt, wo er ihn ausbeutet, aber ihm auch kleinste Versehen aufmutzt: „Vim itaque infert Textui Goblerus hic, quando vertit: Vitam corpusque." Er rügt also nur die Übersetzung zweier Worte, die er zudem noch ungenau citiert. 1635 starb Goldast und hinterließ eine Schrift, betitelt: Rechtliches Bedenken von Confiscation der Zauberer und Hexen-Güther, die 1661 in Bremen herauskam. In dieser kommt er beiläufig auch auf den Art. 135 der Carolina[57]) und die beiden für ihn aus anderer Veranlassung wichtigen Worte zu sprechen, und merkt die für ihn zeugende Übersetzung des Zieritz mit folgenden Worten an: „Rectè Zieritzius, rejectà Gobleri perversa et calumniosa translatione, in hunc modum interpretatur ..." sodaß er also in seiner großsprecherischen Art die einfache Rüge zu einer schweren Beleidigung schärft. 1721 macht Kress l. c. hieraus, indem er, eine Übersicht der Kommentatoren gebend, auch die Übersetzung des Zieritz anführt: „Versionem ipsius (sc. des Zieritz) perversae et calumniosae, ut loquitur, translationi Gobleri praefert Goldast. p. 135. not. im Bedencken von Zaubern". Damit ist also aus dem milden Urteil über zwei Wörter ein vernichtendes Urteil über zwei ganze Werke geworden. 1809 erweitert Henke[58]) den Abstand der beiden Werke noch, indem er auf Kressens

57) S. 135 N. a.

58) Geschichte des peinl. Rechts, II, 144.

Nachricht hin von Zieritz schreibt: „Seiner Übersetzung erteilt Goldast (Bedenken von Zauberern p. 135) einen großen Vorzug vor der des Gobler, die er eine perversa et malitiosa [sic] nennt". Und 1816 besiegelt Böhmer diese Entwicklung, in dem er, auf Henke fußend, in seinem noch heute viel benutzten „Handbuch der Literatur des Kriminalrechts" Nr. 190 über Zieritzens Kommentar kategorisch hinstellt: „Die beigefügte lateinische Übersetzung wurde von Goldast der Goblerschen vorgezogen". [59]) — —

Haben demnach drei so gelehrte Männer wie Goldast, Freher und Camerarius unser Buch vergeblich gesucht, so dürfen wir uns schon deshalb nicht wundern, wenn es die gleichzeitige und folgende Karolinenliteratur wenig benutzt, (vor allem nicht die gelehrt-romanisierende Richtung, welche das deutsche Gesetz nur anhangweise allegierte.)[60])

7. Gilhausen scheint es für seinen Arbor Iudiciaria Criminalis (1606)[61]) sicher nicht benutzt zu haben; ebensowenig der sog. Kommentar des Musculus von 1614,[62]) der zumeist aus des Remus Noten gestohlen ist.

Dagegen hat der nächste in der langen Reihe der Kommentatoren, Zieritz (1622), den Gobler besessen und gehörig ausge-

---

59) Der Irrtum schleicht noch weiter bis zu Wächter, A. 1830, S. 86 und Abegg, A. 1855, S. 550 und S. 550 N. 3.

60) Z. B. V. Voltz (nicht Volz, wie Wächter, G. R., S. 96 und Stintzing, I, 637 schreiben), dessen Commentarius (nicht: ii) in tit. Dig. ad L. Corneliam de Sicariis zuerst 1596 zu Hannover in 8° erschien (und zwar vom Herausgeber G. A. Burchard durch einen höchst sorgfältigen Apparat aus einem nachgelassenen Kollegheft in Lehrbuchform gebracht). Dies zur Vervollständigung von Stintzing l. c. Das gleiche gilt von dem Thesaurus des Voltzschen Zeitgenossen Petreus (nicht Petrejus, wie Stinzing, I, 638 angibt).

61) Stintzing, I, 737, führt außer dieser Ausgabe noch eine von 1642 an. Dagegen fehlt u. a. die von mir benutzte Ausgabe von 1614 (obwohl sie Stintzing auf S. 639 kennt).

62) Herrmann Müller (A. D. B. IX, S. 173. 1879) hält dieses Werk für einen Teil des Arbor und macht daher Wächter, der den längst geklärten Sachverhalt freilich besser kannte, zum Vorwurf, daß er Gilhausen nicht unter die Kommentatoren der Carolina rechnen will.

nutzt;[63]) trotzdem die Epistola dedicatoria an Georg Wilhelm von Brandenburg versichert; „a vulgari, quam Justinus Goblerus nisi fallor primus edidit, latina versione ut plurimum recessi." Damit hat Zieritz seinen Landesherrn bös angeschwindelt.[64]) Denn es sind nicht wenige Artikel, die unverkennbar auf das Goblersche Vorbild weisen. Freilich verschleiert er den Sachverhalt (ganz wie dies heute gemacht wird) oft dadurch, daß er an Stelle der Worte des Textes die Synonyma setzt, die Syntax verändert und Gobler natürlich nicht nennt. Als Probe sei Artikel 87, 2. Satz hierhergesetzt, wobei die nicht eingeklammerten Worte Gobler, die eingeklammerten Zieritz gehören:

„Attamen si accusatur insons comperietur, (Quod si innocentia accusati appareat,) ita quod accusator causam nollet prosequi (nolitque accusator causam prosequi) et nihilominus reus sibi iustitiam ministrari petat (reus vero nihilominus iustitiam administrari petat) eiusmodi quidem tunc publica accusatione neutiquam foret opus. (eo casu publica proclamatione haud opus erit.)" Manchmal ist seine Abhängigkeit eine so enge, daß er die offenbarsten Fehler mitmacht, so wenn er mit Gobler in Art. 109 Zauberei durch veneficium (veneno bei Gobler) wiedergibt. Da, wo er von Gobler abweicht, tut er dies meist nur, um den Remus abzuschreiben, und es ergibt sich so oft genug ein Stilgemengsel, das sich leicht in seinen hausbackenen Bestandteilen als Eigentum Goblers, in seinen bombastisch-geschwätzigen als Eigentum des Remus ausweist, doch so, daß diese Teile überwiegen. Z. B. spricht Art. 151 von Strafausschließungsgründen „die solliche that vor peinlicher straff enntschulldigen möchten" und Gobler übersetzt dies: „quae eiusmodi facinus in publico & criminali iudicio excusare possent". Remus glaubt dies zweimal ausdrücken zu müssen: „causas, quibus iure factum defendat, eisque probatis poena capitali liberetur" und

---

63) Seine „Ad .... constitutionem Criminalem Notae et Observationes nomicopoliticae" erschienen zuerst 1622. Wir benutzen die Ausgabe von 1625.

64) Auch Wächter hat dies bestimmt, eine Geringschätzung des Gobler durch Zieritz anzunehmen (A. 1830, S. 86). Man muß aber bei älteren Schriftstellern Wort und Tat gar sehr auseinander halten.

bei Zieritz erscheint dies in verschmolzener Form: „causas tamen excipiendo eiusmodi in medium adfert, quibus probatis poena capitali possit liberari“. Gelegentlich betont er stolz seine Selbstständigkeit: daß er „furderlichenn“ [=schleunig] übersetzt habe durch „sine mora“, während Gobler „expedite“ und Remus „citra comperendinationem elusoriam“ habe (Note zu Art. 151). Auf die Auctarien beruft er sich öfters, so zu Art. 38, 87, 143, 149, der Fälle nicht zu gedenken, wo er sie ausschreibt ohne sie zu nennen.[65]

Auf Zieritz folgte 1626[66] der womöglich noch unbedeutendere Stephani, dessen Kommentar schon zu Art. 1 bekennt, daß er dauernd der „eleganti paraphrasi“ des Remus zu folgen beabsichtige. Er hat Gobler nicht gekannt.

Dagegen zitiert der nächste Kommentator, Antonius Bulläus (1631) in seinen ganz unselbständigen, aber auch kein eignes Verdienst in Anspruch nehmenden Annotationes unser Buch schon im Motto. In der Vorrede ad Lectorem zählt er Gobler unter den Kommentatoren auf und bemerkt, daß er Remus und Vigel „parcissime“, daß aber „Goblerum, Zieritzium[67] et Stephanum saepissime allegare mihi placuit.“ (S. 7.) So benutzt und citiert er denn Goblers Auctarien sehr oft, zumeist in der ehrlichsten Weise, z. B. zu Art. 6, 9, 24, 25, 35, 63, 68, 87, 93, 94, 103, 133; ebenso die Übersetzung, z. B. zu Art. 70, 88, 89, 92, 104 („sunt verba, fateor ingenue, Gobleri“). Gelegentlich gibt er statt eignen Kommentars einfach Goblers Übersetzung (so zu Art. 78).

Das Hauptwerk dieser Epoche dagegen, Carpzovs Practica rerum criminalium, dürfte Goblers Werk nicht gekannt haben; von Kommentatoren der Carolina scheinen nur Remus und Stephani benutzt.[68]

---

65) vgl. N. 67.

66) Die letzte Ausgabe erschien nicht 1650 (Stintzing, I, 639), sondern 1702 — von Geib, I, 296, und v. Lißt, Lehrbuch, 13. Aufl., S. 30, wie es scheint als neues Werk eines neuen Autors angesehen. Dazwischen 4 (?) andere Auflagen.

67) Koch, S. 54, schreibt, daß Bulläus „den Zieritz, daß er mit des Goblers Kalbe sehr oft gepflüget, beschuldigt hat“ — ich habe nicht finden können, wo.

68) Es erschien zuerst 1635 in Wittenberg, nicht 1638, wie u. a. Zachariae,

8. Auch der originelle, ideenreiche Caspar Manzius, der Verfasser des nächsten Kommentars,[69] hat Gobler schwerlich besessen. Zwar sagt er in der Vorrede daß er „de Gobleri notis aliquid intelligerem"; aber die einzige Stelle, an der ich ihn erwähnt gefunden (Art. 87 N. 4) verweist auf ein Citat Goblers bei Zieritz.

Gar nicht benutzten Gobler die nächstfolgenden, fast wertlosen Kommentare von Christian Blumblacher (nicht Blumbacher, 1670), und Jacob Otto (1685), und das sehr tüchtige, nachgelassene Werk des Daniel Clasen, (1685)[70] — der mit Manz, Kress und Böhmer die kleine Gruppe der

---

Berner, Hälschner, v. Holtzendorff, v. Lilienthal, Mayer, Finger, und viele Bibliographien, auch Böhmer und Kappler, angeben, während Henke, Abegg, Wächter bald die eine bald die andere Zahl angeben und Geib die Frage unentschieden läßt. Stintzing, II, 69, gibt oben 1635 und unten 1638 an. Außer dieser nicht existierenden Ausgabe zählt Stintzing noch eine von 1752 auf, welche es ebenfalls nicht gibt. Dagegen fehlen bei ihm die Ausgaben von 1677 und 1758. Die richtigen Zahlen sind: 1635, 1646, 1652, 1658, 1665, 1670, 1677, 1684, 1695, 1709, 1723, 1739, 1751, 1758, also 14 Ausgaben.

69) Commentarius Rationalis in criminalem sanctionem Carolinam etc. 1650 (und öfter — fügt Stintzing, der von dem Buche nur den Titel anführt, I, 639 hinzu; ich kenne aber nur noch die zweite Ausgabe von 1676 zu Frf.). Ein höchst bemerkenswertes Buch! Es versucht für jede einzelne Gesetzesbestimmung die Ratio und häufig auch die Ratio der Ratio aufzusuchen. Angehängt ist ein interessantes systematisches Lehrbuch des Strafprozesses auf Grundlage der Carolina (Summa Processus criminalis.) Mit Unrecht wird Manzius unter die strafrechtlichen Kommentatoren gestellt, da er sich nur mit dem prozessualen Teile des Gesetzes befaßt. Die zweite Auflage, die ich benutze, ist um einen Anhang vermehrt, in welchem bei jedem der von Manzius nicht behandelten Artikel als Ersatz auf die betreffende Stelle in Carpzovs Practica verwiesen wird. Diesen Anhang hat auf Wunsch des neuen Verlegers ein „amicus eruditus" angefertigt, der nicht genannt wird, aber jedenfalls — daher die Bescheidenheit — der juris utriusque Studiosus J. G. Burckhard ist, der auch den Index verfaßt hat.

70) Commentarius in Constitutiones Criminales Caroli V. Imperatoris etc.; cura et studio Johannis Andreae Minner, Jur. Pract. Helmstadt. Frankfurt 1685; nicht 1684, wie häufig angegeben. Ich benutze die Ausgabe von 1693, Frankfurt, 4°; eine weitere Auflage erschien 1718. Als Übersetzer der Carolina kann er nur bedingt gelten, da das jedem Artikel folgende lateinische Argumentum häufig nur den Inhalt kurz angibt. Nachrichten über sein Leben bei Jugler, II, 155ff. Er wurde geboren 1623 zu Lüneburg, wurde 1648 Schulrektor in Magdeburg, 1668 Professor zu Helmstädt, wo er 1678 starb. Stintzing verzeichnet ihn nicht.

besseren Karolinenschriftsteller bildet — wobei Clasen in Bezug auf Gobler angibt: „hactenus comparare non potui" (ad procemium, in fin.) Auch Fr. Ludovici kann Gobler nicht gekannt haben, da ihn sein Kommentar (1707)[71]) nirgends erwähnt; und das gleiche gilt von dem, einst von den Studierenden sehr geschätzten, Kommentar sich nennenden Lehrbuch des J. Chr. Frölich von Fröhlichsburg (1709)[72]). Dagegen hat Georg Beyer in seiner Delineatio juris criminalis (zuerst 1714) den Gobler wenigstens erwähnt, aber nicht benutzt, da er ihn nicht auftreiben konnte (Vorw. § 16). Er verwechselt ihn hierbei mit dem Kommentar des Musculus von 1614 — eine Verwechslung, die nun auch in mehreren Bibliographien wiederkehrt, so in J. A. Hoffmanns Juristischer Bibliothek (1748), in der Bibliotheca Lipenii (Ausgabe von 1757) in Nettelbladt, Initia historiae literariae juridicae universalis (1764) — wobei aber auch Verwechselungen mit einer anderen Goblerschen Schrift, nämlich der Übersetzung der R. P. O. von 1548 (oben S. 15, III, C. 5.) unterlaufen.[73]).

Der seit fast 100 Jahren erste, der Gobler wieder benutzt hat, ist der alle seine Vorgänge bekanntlich weit überragende Paul Kress. Er bemerkt in der Vorrede zu seiner Commentatio succincta (1721), von deren Unzuverlässigkeit wir schon einige Proben erhalten haben, die aber bis ins 19. Jahrhundert hinein zu literärgeschichtlichen Studien leider ausgiebig benutzt worden ist, über Goblers Werk (§ 1): „Nos versionem Goblerianam pro certiori Carolinae intellectu aliquando secuti sumus, non tamen ubique sine nota. Ex auctariis autem ipsius oppido pauca fuerunt, quibus cum fructu uti licuisset, adeo non patriae instituta, sed exotica Romanorum placita omnia in iis redolent."

---

71) Erst die zweite Auflage dieses in mehrfacher Hinsicht interessanten Buches (1716) stellt Bambergensis und Carolina synoptisch gegenüber, unter ziemlich sorgfältiger Vergleichung. Die Vorrede zur 2. Aufl. gibt an, die bekannten Namen mater und soror Carolinae erfunden zu haben. Vergl. Landsberg, I, 136.

72) Ich benutze die bei Landsberg I, Noten, S. 81 nicht verzeichnete Ausgabe von 1720, Frankfurt.

73) Die letzten drei Zitate nach Koch, S. 48 ff.

Die Tatsachen stehen aber hiermit nicht ganz im Einklang. Die Auctarien hat er allerdings nicht sehr häufig benutzt, immerhin doch öfter berücksichtigt (z. B. zu Art. 1, 5, 14, 21, 110, 147, 159, 186); dagegen die Übersetzung des „coaevus interpres“ regelmäßig zu Rat gezogen, sehr oft auf sie verweisend und zustimmend (z. B. zu Art. 34, 40 §§ 12, 14, zu Art. 58, 60, 100, 108, 136, 147, 159), gelegentlich sie selbst zu Textverbesserungen benutzend (z. B. in Art 184), freilich auch öfters gegen sie polemisierend (z. B. zu Art. 40 § 13, 42, 109, 150).

J. Chr. Meckbachs schlechte, für Anfänger bestimmte „Anmerkungen über Kayser Carl des V. und des H. R. Reichs Peinliche Halsgerichtsordnung“ (Jena 1756, 4°)[74]) scheinen Gobler dagegen nicht gekannt zu haben (das einmalige Zitat Goblers zu Art. 109 stammt aus Kress); ebensowenig der unbedeutende Kommentar von Scopp (1758).

Ebenfalls Kress entnommen sind die wenigen Stellen, die J. S. F. Böhmer in seinem großen, abschließenden[74a]) Karolinenkommentar (1770) aus Gobler bringt (z. B. zu Art. 40 §§ 4, 6; 42 § 1, 100 § 1, 174 § 1). Hätte er das Buch gekannt, so hätte es sein Zeitgenosse Koch nicht nötig gehabt, Deutschland 10 Jahre hindurch nach unserem Buche abzusuchen.

9. Johann Christoph Koch, geb. 1732, Professor in Gießen seit 1759, Kanzler daselbst seit 1782, und ebenda gestorben 1808, die Hauptperson dieses Berichtes, ist als Kriminalist bekannt durch sein epochemachendes Strafrechtslehrbuch (1758) und durch seine vorzügliche kritische Ausgabe der Karolina (1769).[75]) Der „Kanzler Koch“ war, wie ihn Landsberg[76]) in einer seiner knappen Charakteristiken treffend schildert, „ein Mann von ungewöhnlich ausgebreiteter und sicherer Gelehrsam-

---

[74]) Das Buch hat eine gewisse posthume Bedeutung dadurch erlangt, daß es den heutigen populären Darstellungen über die Schrecken der „mittelalterlichen“ Tortur etc. fast stets zu Grunde liegt — weil es nämlich deutsch geschrieben ist.

[74a]) S. nur noch N. 167.

[75]) Die weiteren Ausgaben sind: 1773, 1781, 1787, 1800, 1816, 1820, 1824. Dies zur Ergänzung der Angaben bei Kohler, S. XXXIX und Landsberg, I, Noten, S. 210. Ich zitiere nach der 5. Auflage (1800).

[76]) I, 310.

keit, von einer für seine Zeit unerhörten Akribie in literärgeschichtlichen Dingen, und von energisch systematischer Begabung, freilich daneben von ungemeiner Selbstgerechtigkeit, mit Neigung zu Splitterrichterei und zu derber Polemik“. Bei dieser Natur des Mannes war es selbstverständlich, daß er, als er an seine Karolinenausgabe ging, nicht nur alle erreichbaren Ausgaben sammelte — er brachte die wirklich staunenerregende Zahl von 32 verschiedenen, separaten Drucken allein des 16. Jahrhunderts zusammen[77] —, sondern auch alle Kommentatoren zu Gesicht bekommen wollte, da er den sehr lobenswerten Ehrgeiz hatte, nur Angaben nach Autopsie zu machen,[78] um über alle Punkte ein „schätzbares“ und (wie er nie versäumt zu erwähnen) „mir kostspieliges Licht zu verbreiten“.

Bei allen gelang es ihm, häufig unter beachtenswerten Entdeckungen, wobei er mit „wahrer Lust“ Editionen verglich, betrügerischen Buchhändlern ihre Schliche nachwies, nach rechts und links an alle früheren Bibliographen Hiebe verteilte und die verschiedensten Gelehrten, mit denen er in ewiger Fehde lebte, zu blamieren versuchte. Nur Gobler zu finden wollte ihm durchaus nicht gelingen, obwohl, was ihn schmerzen mußte, noch Kress ihn besessen hatte. Hierzu kam noch, daß über Titel und Editionen die verschiedensten Angaben umliefen, die er zumeist als Mißverständnisse scharfsinnig darstellen konnte, wobei er insbesondere bewies, daß es nur eine Ausgabe gegeben habe, nachdem er selbst in den ersten beiden Auflagen seines Lehrbuches sich zu irrigen Titelangaben hatte verleiten lassen. Hier mußte Klarheit geschaffen werden. „Ich habe Ursache zu zweifeln, ob je ein Gelehrter sich um ein Buch so viel Mühe gegeben, und so viele Kosten verwendet hat, als ich auf die Goblerische Version, seit beynahe 10 Jahren, fast

77) Kohlers umfassende Nachforschungen (Ed. S. XIX ff.) haben nur sieben Ausgaben ergeben, welche Koch nicht besessen hat!

78) Daß sie trotzdem nicht stets verläßlich sind, sahen wir schon mehrfach. Dabei sagt er selbst: „ich bin, durch die Erfahrung gewitzigt, gegen einen Bibliotheckenschreiber auch alsdann mißtrauisch, wenn er gleich de proprio visu attestiret“ (S. 15). Überall tritt in der höchst amüsant zu lesenden Vorrede drollig-naive Eitelkeit mit rührender Sorgfalt gemischt zu Tage.

verschwendet habe. Ich habe nach Osten und Westen, Süden und Norden, an Gelehrte und Ungelehrte, Buchhändler und Antiquarios geschrieben, und wo mir nur ein alter Büchervorrath entdeckt worden, habe ich gleich nach dieser Version nachgeforschet, ja, es ist sogar auf mein Ersuchen in den Götting. Anzeigen von gel. Sachen im J. 1765 N. 133[79]) eine Bitte an das Publikum, mir diese Version gefälligst zu communicieren, ergangen, und doch hat alle meine anhaltende und unsägliche Bemühung bis dato nichts weiter gefruchtet, als daß ich den rechten und wahren Titel des Buchs endlich entdeckt habe, welchen der Leser mit mir der vielfältigen Bemühung des gefälligsten Beförderers meines Anliegens, dem hochberühmten Herrn G. J. R. Häberlin zu Helmstädt, zu verdanken hat. Denn da Kress, laut seiner Vorrede dieses Buch zu besitzen, angegeben, so fiel gedachter Herr G. J. R., weil sich daß Buch in ganz Niedersachsen nicht finden lassen wollte, auf den glücklichen Einfall, bey einem Kressischen Erben, welcher den Bücherauktionscatalogum, worin die Käufer angemerkt worden, noch aufbewahrt hielt, nach dem Käufer dieses Buchs sich zu erkundigen. Er bekam zur Antwort, daß der Helmstädtische Universitätssekretarius Herr Frankenfeld solches ersteigert hatte, allein Herr Frankenfeld meldete ihm, daß er das Buch nicht für sich, sondern in Commission für einen anderen, erstanden habe und sich, weil er viele Commissionen damals gehabt, nach so langer Zeit und bey seinem hohen Alter, des Committenten nicht mehr zu erinnern wisse. Und damit war auch diese kurze Freude aus, dergleichen ich mehrere gehabt habe, so aber allemal zuletzt zu Wasser geworden sind“[80]).

Immerhin hatte er die Genugtuung, endlich den „rechten und wahren Titel“ in eben diesem Katalog entdeckt zu haben, den er nun seinen Lesern mitteilt, nachdem alle bisherigen Schriftsteller ganz falsche Angaben gemacht hatten.

Indessen auch der Kresssche Katalog war nicht besser als seine Vorgänger, und Koch in seiner Entdeckerfreude so ver-

---

79) S. 1070.

80) S. 52 f.

trauensselig wie andre. Denn als er bald darauf, zwischen 1769 und 1773, „endlich so glücklich gewesen, den Gobler in der Tübingischen Universitätsbibliotheck aufzuspüren" entdeckte er, daß der Titel ganz anders lautete, als er in der ersten Auflage seiner Karolinenausgabe nach jenem Kataloge angegeben, und setzt nun den endgültig „wahren" Titel in den anderen Auflagen folgendermaßen hin:

„Augustissimi Imperatoris Caroli V. de capitalibus iudiciis constitutio germanice primum evulgata nuncque a D. Justino Goblero Goarino Iurecons. in latinum versa et aequo commentario aucta etc.

Basileae ex officina Ioannis Oporini, anno salutis MDXLIII. Mense Augusto in fol."

Sodann fährt er fort: „Gobler hat auch eine lateinische Übersetzung des Landfriedens vom Jahre 1521 und eine explanationem L. respiciendum II. de poenis angehängt. Das ganze Werk beträgt 2 Alph. 11 Bogen."[81])

Sollte man es für möglich halten? Koch, der mit Recht auf seine unerhörte Akribie stolz und überstolz war, der insbesondere alle erdenkliche Mühe auf den Gobler verwandt hatte, der 2 Exemplare des Buches aus Autopsie kannte — denn bald darauf erstand er ein weiteres in einer Marburger Auktion, nachdem er sich das aus Tübingen nach Gießen geliehene Exemplar hatte abschreiben lassen — welcher wußte, wie viel Verwirrung falsche Angaben gestiftet hatten und selbst schon zweimal diesen zum Opfer gefallen war, und der seine Jagd nach dem Buch so ausführlich geschildert hat, „um einen Beweiß zu geben, wie behutsam man in der Bibliographie sein muß"[82]) — eben dieser Koch ist nun zu bequem, den ganzen Titel abzudrucken, begnügt sich mit einem zweideutigen etc. am Schluß, schreibt den Verlagsvermerk so, als ob er auf dem Titel stünde und behauptet endlich, das Werk wäre fast 2 und 1/2 Alphabete stark, während es doch kaum 2/3 betrug! Damit hat er es ver-

---

81) S. 55f.
82) S. 55.

schuldet, daß noch einmal ein halbes Jahrhundert später die alten Irrtümer wieder auflebten — wie wir unten sehen werden.

Sein Urteil über Goblers Werk lautete vernichtend und sei, da es alle folgenden Autoren beeinflußt hat, in extenso hierher gesetzt.

„Nunmehro kann ich begreifen, warum Goblers Arbeit keiner neuen Auflage gewürdigt, sondern unter die Bank gesteckt worden ist. Seine Auctaria enthalten das fadeste Geschwätz, so man sich über die Carolinam nur gedenken kann. Aus dem Plato, Aristoteles, Cicero, Ovid und anderen griechischen und lateinischen Schriftstellern hat er die Carolinam erläutert. Ich habe gar selten etwas dienliches und zweckmäßiges gefunden, und bin oft recht böse auf Gobler geworden, daß er uns nicht wenigstens verschiedene Artikel aus den damaligen Sitten und Gebräuchen, auch der praxi fori, in ein helles Licht gesetzt hat. Die lateinische Übersetzung der Carolina ist also noch das einzige, was einigen Dank verdient, obgleich Remus ihn hierinn übertroffen hat.“ [83])

So erklärt es sich auch, daß er seinen anfänglichen Entschluß: „falls ich eines Exemplars noch habhaft werden kann, dieses Buch wieder auflegen zu lassen und eine Vorrede von dem Lebenslauf und den Schriften des Goblers voranzusetzen“ [84]) — nicht ausgeführt hat.

10. Durch Kochs ausführlichen Bericht, der mit seiner weitverbreiteten vorzüglichen Karolinenausgabe überall bekannt wurde, hat die Gobler-Angelegenheit allgemeines Aufsehen erregt und ist ein Jahrhundert lang nicht aus der Diskussion verschwunden. Überall wird die ungemeine Seltenheit des Buches ebenso wie seine Minderwertigkeit gegenüber dem des Remus, beides nur auf Koch hin, hervorgehoben, so von Malblank,[85])

83) S. 56.

84) S. 54.

85) Geschichte der P. G. O., 1783, S. 217.

Dorn,[86]) Chr. L. Brunner,[87]) Henke,[88]) G. W. Böhmer,[89]) Kappler.[90]) Die neueren Lehrbücher bezeichnen das Buch als Hilfsmittel der Interpretation[91]) — aber niemand bekommt das Buch zu Gesicht, das anfangs so selten wurde, weil es niemand las, und nun niemand lesen kann, weil es so selten geworden. Nur C. F. Walch, der treffliche Verfasser des noch heute nicht ganz veralteten Glossarium Germanicum Interpretationi Constutionis Criminalis Carolinae inserviens (1790) hat das Buch besessen und sehr gründlich benutzt.

Als erster tritt er der Geringschätzung der Goblerischen Übersetzung — nicht der des Kommentars,[92]) — entgegen, indem er auf die Willkür hinweist, mit der Remus den Text behandelt hatte — Elegantia nannten dies die früheren — und demgegenüber bemerkt: „Goblero autem laudem denegare non possumus, quod maxima cum fide singula verba legum latine reddere studuerit. Eligere itaque debemus ante omnia Goblerum",[93]) während er Remus nur aushilfsweise heranzieht. In der Tat beweisen fast alle Artikel, daß er ohne Goblers Hilfe wohl schwerlich sein Werk zustande gebracht hätte; um nur eine Stichprobe zu geben, so bezieht er sich, freilich nicht stets zustimmend, beim Buchstaben A in 19 Artikeln auf Gobler, nämlich bei der Interpretation der Worte: Aber, Abkommen,[94]) Ablegen, Abtrag, Ärgern, Ärgernis, Amtleute, Andingung, Anfechten, Anrichten, Anwerden, Argwohn, Armer,

---

86) Kommentar über das peinliche Recht, I, 1790, S. 37.

87) Handbuch d. Literatur d. Kriminalrechtswissenschaft, 1804, S. 11.

88) Geschichte des peinlichen Rechts, 1809, II, S. 141f.

89) Handbuch, 1816. S. 56f.

90) do, 1838, S. 15.

91) Abegg, Ed. S. Vf.: „nemo brevioris aut prolixioris de doctrina criminali libri auctor inveniatur, quin, ubi de adminiculis ad Constitutionis Criminalis interpretationem adhibendis agat, versionum latinarum mentionem faciat et Goblerum praesertim .... nullo modo negligendum esse, lectores admonitos esse velit" — übertreibt freilich. S. auch Wächter, A. 1830, S. 82.

92) s. N. 131.

93) S. 63.

94) Hier freilich passiert ihm wie auch sonst nicht selten das Mißgeschick, den Gobler mit dem Remus zu verwechseln.

Artzeney, Atzung, Aufruhr, Ausbetagt, Ausburgen, Ausschreiben, Auszug.

11. Indessen Walchs Lob blieb ebenso unbeachtet, wie Kochs Tadel überall unbesehen nachgebetet wurde. Der einzige Roßhirt bemerkte 1828, Goblers Übersetzung an einer Stelle benutzend: „Wieviel besser in vielfacher Richtung Goblers Übersetzung als die von Remus ist, und wie unrichtig daher Kochs allgemeines Urteil lautet, beweist auch wieder dieser Artikel.“[95] Dagegen wurde das Suchen von Goblerexemplaren, deren äußerste Seltenheit nun allgemein bekannt geworden, zum Sport. Der erste, der unter höchst sonderbaren Umständen ein solches fand, war Konopak. In einer scharfen Polemik gegen Salchow konstatierte er — was für seinen Zweck wichtig war — zunächst im ersten Stück des siebenten Bandes des Archivs des Kriminalrechts, 1807,[95a] daß in Damhouders Praxis, cap. 112, § 31, betreffend Bestrafung des dritten Diebstahles, der Text eine wörtliche Übersetzung des Schlußsatzes von Art. 162 der Carolina ist, und schließt nun hieraus, daß der Gesetzgeber denselben Autor wie Damhouder benutzt hat. Für diese gemeinsame Quelle hält er nun den von Damhouder kurz vorher genannten Johannes Berberius und macht sich nun daran, dessen Werk aufzuspüren. Schon 1808, im zweiten Stück des gleichen Bandes, kann er berichten, daß er dies Werk entdeckt hat.[96] Da er in diesem aber die betreffenden Worte nicht finden kann, so muß er zurückziehen, daß die obige Vermutung „die einzige Voraussetzung ist, wodurch jene buchstäbliche Übereinstimmung erklärbar wird“.[97] Vielmehr bleibt ihm nun „wohl nur die an Gewißheit grenzende Vermutung übrig, daß Damhouder zugleich jenen Strafkodex [die Carolina] im Auge gehabt hat, und daß er die letzte Hälfte des 162. Artikels geradezu übersetzt hat.“ Jedoch wir wissen schon,[98] daß Konopak

95) Entwicklung der Grundsätze des Strafrechts, S. 82, Note. Rosshirt besaß selbst ein Exemplar des Gobler.

95a) S. 158f.

96) Archiv 1808, S. 268ff.

97) Archiv 1807, S. 159.

98) s. N. 42.

wieder mit Energie daneben geschossen hat, da Damhouder unsern Gobler abgeschrieben hat.[99]) Das unsagbar Komische daran ist nun, daß Konopak, ohne es zu ahnen, eben diese wahre Quelle in den Fingern gehabt hat, denn er schreibt in in der Anmerkung zu S. 269, die über den Fund des Berberius berichtete: „Als ich dieses Buch auf der Marienbibliothek in Halle suchte, welche es nicht besitzt, entdeckte ich dort wenigstens ein anderes seltenes Werk, die Goblersche Übersetzung der Carolina. Eben der Seltenheit derselben wegen darf ich ja wohl dieser Nachricht hier einen Platz vergönnen."! Jedoch es kommt noch besser.

Ein Nachfolger Konopaks in der Herausgabe des Archivs wurde Abegg. Obwohl er nun, wie wir schon wissen, Gobler zum Gegenstand ausgedehnter Studien machte, und mehrmals eine Statistik über die Zahl der bekannten Goblerexemplare aufstellte,[100]) entging ihm völlig — ebenso wie allen anderen Autoren — die in seiner eignen Zeitschrift kundgegebene Entdeckung, ja in seiner Herausgabe des Gobler[101]) zitierte er sogar die Seite 268 der Konopakschen Arbeit, ohne zu merken, daß sofort darauf jene Mitteilung folgte.

Nicht weniger sonderbar ist es bei der Entdeckung des nächsten Exemplares zugegangen. 1825 nämlich berichtet Spangenberg,[102]) der um die Geschichte des Corpus juris so verdiente Rechtshistoriker, daß er, offenbar durch Koch angeregt, in der Bibliothek des Oberappellationsgerichts zu Celle, wo er als Hofrat tätig war, ein neues Exemplar des Gobler aufgefunden hatte. Nun wollte es aber das Unglück, daß dies nach seiner Meinung „durchaus komplette Exemplar" — durchaus defekt war. Es fehlten ihm nämlich die drei letzten Bogen, den Kommentar zur Lex respiciendum enthaltend, so daß das Werk mit der Signatur p schloß. Nun hatte aber Koch angegeben, daß das Werk 2 Alphabete 11 Bogen enthielt

---

99) Was als Vermutung schon Biener, ohne Gobler zu kennen, aber, wie stets, glücklich und scharfsinnig kombinierend, ausgesprochen hatte. (S. 163 N. 36.)

100) S. N. 122.

101) Ed. S. 182.

102) A. 1825, S. 429ff.

(während es in Wahrheit, wie wir gesehen, nur bis zur Signatur s des ersten Alphabets reichte), was sich natürlich mit seinem Befund nicht reimte.

Der zweite Unterschied gegen die Kochsche Angabe bestand darin, daß der — von Spangenberg richtig angegebene — Titel weit länger war, als ihn Koch angegeben hatte. Der auf seine Genauigkeit so eitle Mann war, wie wir schon sahen,[103] sehr flüchtig verfahren, hatte statt Quinti V. geschrieben und vor allem statt den Titel auszuschreiben, ein etc. gesetzt. Spangenberg las nun den Titel ebenso flüchtig, als er geschrieben war, und achtete daher auf das etc. nicht. Endlich hatte Koch das Datum, das auf der Schlußseite stand, so gedruckt, als ob es auf dem Titel stand, wenn er es auch durch einen Strich vom Text getrennt hatte. Spangenberg wieder achtete auf den Strich nicht, und konnte, da sein Exemplar am Schluß ja defekt war, überhaupt keine Verlagsangaben im Buche entdecken. So schloß er denn: „Sind also Kochs Angaben richtig, so hätten wir nicht eine, sondern zwei besondere Ausgaben dieses Buches[104]“, und zwar derart, daß die von Koch gefundene vermutlich die zweite wäre.[105] Damit war infolge einer merkwürdigen Verkettung mancherlei entschuldbarer und unentschuldbarer Zufälle[106] der alte seinerseits aus so vielen älteren Verwechslungen entstandene, aber durch Koch enthüllte Irrtum, nämlich daß es zwei Ausgaben gäbe, wieder aufgelebt.

Widersprach er Koch im Richtigen, so folgte er ihm dafür im Falschen; er wiederholte sein Urteil über das „fade Geschwätz“, das die Auctarien darstellen sollten. Auch die Über-

---

[103]) s. oben S. 37.

[104]) S. 431.

[105]) s. S. 442.

[106]) Ein weiterer sonderbarer Zufall fügte es, daß er eben der Abhandlung, in der er seine „Entdeckung“ mitteilte, eine „Zugabe über eine noch unbekannte alte Ausgabe der Bamberger H. G. O.“ (S. 452 ff.) mitgab, die er für eine Ausgabe ohne Jahr und Ort hielt, die aber, wie Kohler (Bambergensis, S. VIII, S. XVII) nachgewiesen, die Ausgabe Mainz „1508 S. 2“ ist; auch hier hatte der Zufall Spangenberg ein am Schluß defektes Exemplar in die Hand gespielt!

setzung nennt er frei und oberflächlich, wofür er sich auch auf Goblers Worte in der Vorrede beruft: „coepi eam in Latinam obiter transponere, et Commentario succisivis horis, quantum a reliquis laboribus vacare licuit, augere." Es ergibt sich aber aus dem Zusammenhange und dem empfehlenden Zweck der Vorrede, daß Gobler obiter nicht im Sinne von leichthin, wie Spangenberg annimmt, gemeint hat, sondern nur sagen will, daß er die Übersetzung ebenso wie den Kommentar, gelegentlich, nach und nach, verfaßt hat — wofür obiter ebenfalls steht.[107])

12. Jedoch ließ diesmal die Berichtigung der Irrtümer nicht lange auf sich warten. Wächter,[108]) der in so seltener Weise historischen Scharfblick mit dogmatischer Originalität und philologischer Treue vereinte, deckte die Umstände auf, denen Spangenberg zum Opfer gefallen war, konstatierte durch Vergleichung des Tübinger, des Celleschen, und eines eignen Exemplars,[109]) daß es doch nur die eine Ausgabe von 1543[110]) gab, und brach schließlich den Bann, der infolge von Kochs Urteil auf der Würdigung von Goblers Übersetzung lag, die wie wir sahen, weit unter die des Remus gestellt wurde. Demgegenüber hatte er schon 1826 im 2.[110a]) Bande seines Lehrbuchs des Römisch-Teutschen Strafrechts, (gleichzeitig in der Tübinger Kritischen Zeitschrift für Rechtswissenschaft[111]) Goblers Übersetzung gegen ein Koch nachgesprochenes Urteil Droste-Hülshoffs in Schutz nehmend), durch „genaueres

---

[107]) Sonst freilich gebraucht Gobler das Wort in dem andern Sinne, so zu Art. 38, 138, 141.

[108]) A. 1830, S. 82ff.

[109]) A. 1830, S. 86.

[110]) Trotzdem spricht noch 1879 v. Eltester in der Allgemeinen Deutschen Biographie von einer zweiten Auflage, Fr. a. M. 1565, und zitiert als Quelle seines Goblerartikels eben die Kochsche Vorrede, worin jene Verwechslung ausführlich aufgeklärt worden war! (Bd. IX, S. 301). (s. oben S. 35.)

[110a]) Der erste Band, 1825, hatte für Gobler nur auf Koch verwiesen (S. 27). Den Anstoß zur Nachprüfung brachte ohne Zweifel der im gleichen Jahre erschienene Aufsatz von Spangenberg.

[111]) 1826, II, 46.

Studium überzeugt",[112]) Gobler für viele Stellen der Interpretation mit Erfolg verwendet, so für die wichtige Frage, ob „geuerlich" periculosum oder — richtig — dolosum bedeute (S. 301 f.), ob „Behausung oder Behaltung" (Lehre vom Einbruch, Art. 159) domicilium bedeute oder auch nur Kiste u. dergl. — hier unter Verwerfung des Remus, der „sich überhaupt bei seiner Übersetzung weit weniger genau als Gobler, an den Buchstaben hält" (S. 305), ob Art. 107 in den Worten „gelertern Meynneydt" Verwarnung voraussetze oder nicht (Lehrbuch S. 259). Weiter zeigte Wächter die Wichtigkeit der Goblerschen Übersetzung für die Frage der Unterschlagung und des Giftmordes (Archiv 1830 S. 97) der Prävarikation (Lehrbuch S. 406) des Raubes (Lehrbuch S. 349), (wobei sich Gobler stets besser als Remus bewährt), und für die Auslegung vieler anderer Artikel. Insbesondere macht er darauf aufmerksam,[113]) daß Gobler schon im 11. Jahre nach der Carolina übersetzte, und daß er im Gegensatze zu der paraphrastischen, „völlig untergeordneten, weit unbedeutenderen" Remischen Arbeit „beinahe durchgängig eine wortgetreue einfache Übersetzung" gibt — von seltenen Kopflosigkeiten abgesehen, von denen er einige Proben anführt. Nur inbezug auf das Auctarium bleibt er ganz in der Kochschen Auffassung befangen, dessen Urteil er „schwerlich zu hart findet".[114]) Ähnlich hat er sich noch später zweimal geäußert.[115])

13. Gleich darauf entstand Goblers Übersetzung ein zweiter Ehrenretter in Abegg, der, ohne Zweifel durch seinen Freund Wächter angeregt, sich mit Gobler eingehend beschäftigte. In einem 1835 im Archiv publizierten Aufsatze will er sogar in Goblers Unternehmungen, der deutsche Gesetze ins Lateinische und Lateinische ins Deutsche übersetze, den „tiefern, wohlüberlegten Plan" finden, eine „gegenseitige Annäherung der verschiedenen Elemente des deutschen und römischen

---

[112]) A. 1830, S. 87.

[113]) A. 1830, S. 91.

[114]) A. 1830, S. 89.

[115]) A. 1836, S. 118, N. 6, und G. R., 1844, S. 74 ff.

Rechts" zu fördern[116]) — eine Auffassung, die Goblern denn doch ein wenig zu viel Idealismus zutraut und überdies einer Zeit gegenüber, die den Gegensatz der beiden Rechte garnicht recht empfand, sehr unhistorisch ist. Da ihn der durch die Seltenheit des Buchs verschuldete Mangel desselben bei seinen historischen Studien empfindlich störte,[117]) wandte er sich an Wächter mit der Bitte, Kochs alten Plan aufzunehmen und den Gobler neu zu edieren. Wächter jedoch, von Geschäften überlastet, gab den Vorschlag zurück und bestimmte durch dringende Aufforderungen und Ratschläge Abegg, selbst ans Werk zu gehen. Auch lieh er ihm zu diesem Zwecke sein Exemplar, das Abegg mit einer Abschrift verglich, die er 1833 von dem Tübinger Exemplar hatte nehmen lassen, ferner mit einem Heidelberger Exemplar (U. B.) und einem weiteren, das er in der Bibliothek des Marie-Magdalenen Gymnasiums in seinem Wohnsitz Breslau ausgegraben hatte.[117a]) Als Veranlassung für diese Neuausgabe, die erst 1837 erschien, gibt er in seiner Vorrede an einerseits die außerordentliche Seltenheit („Qui ignoret, Gobleri versionem . . adeo esse raram, ut a plerisque numquam oculis sit usurpata"[118]), andererseits die von vielen Autoren, zumal Wächter, anerkannte Wichtigkeit für die Auslegung der Carolina. Daß er sich entschloß, auch die Übersetzung des Remus beizugeben, hatte seinen Grund in der Nützlichkeit des Vergleiches. Ebendeshalb fügte er auch in Noten Stellen aus den Übersetzungen des Zieritz und des Clasen an, auch Verweise auf die Wörterbücher von Walch, Scherz, Grimm, sowie andere Verweise mehr, vielfach ohne erkennbaren Zweck und in willkürlicher Ordnung und Auswahl. Dagegen unterdrückte er sowohl die Noten des Remus als die des Gobler, da er sie für wertlos erachtete. Einen Abdruck der Carolina selbst, der sehr nützlich gewesen wäre, da alsdann zweifellos die Übersetzungen weit öfter zu Rat gezogen wären,

---

[116]) A. 1835, S. 5.

[117]) „penuria libri saepe offensus", Ed. S. IX.

[117a]) Ed. S. X und A. 1837, S. 313ff. Ein eigenes Exemplar erwarb er später in Halle. A. 1839, S. 300.

[118]) Ed. S. VI.

unterließ er mit Rücksicht darauf, daß R. Schmidt erst jüngst seine Ausgabe der Carolina veranstaltet hatte („maluique hanc ob causam censuram incurrere, quam ea facere, quae a probo homine aliena esse debere putavi.“ [119]) Noch während der Drucklegung erfuhr er, daß ein — leider nicht genannter — anderer Gelehrter an dem gleichen Unternehmen arbeitete, dem er gerne seinen Platz eingeräumt hätte, wenn es noch Zeit gewesen wäre. Abegg fühlte wohl selbst, daß seine Arbeit nicht das leistete, was sie durch zweckmäßige Erweiterung, insbesondere durch sofortige Nutzbarmachung für die Interpretation des Textes, hätte leisten können, und daß er, der Hegelsche Dogmatiker, überhaupt zum Philologen nicht gemacht war. [120]) Indem er sich auf den bloßen, unkritischen Abdruck zweier Bücher fast ganz beschränkte, hat er eine zwar nützliche und allerseits mit Freude begrüßte, [121]) aber doch etwas subalterne Buchdruckerleistung vollbracht, die nur das Verdienst einer ziemlichen Genauigkeit für sich in Anspruch nehmen kann.

14. Damit war Gobler in aller Hände gelangt und dem bisherigen Mangel [122]) ein Ende gemacht. Seine Schätzung als

---

[119]) S. XIV, N. 14.

[120]) vgl. N. 27, 30, 31, 32, 37, 56, 59, 101, 122.

[121]) Eine sehr eingehende Kritik lieferte Herrmann, Richters Jahrbücher, 1838, S. 893ff. Leider ließ er sich gleichfalls durch Mißinterpretation von „obiter“ zu einer Geringschätzung der Treue Goblers verleiten. Mit seiner Kritik setzte sich Abegg auseinander im Archiv 1839, S. 302ff. Noch einmal handelte Abegg von Gobler 1855 im Archiv S. 549ff., freilich fast nur, um einige alte Irrtümer wieder aufzubringen.

[122]) Abegg macht im Vorwort zur Ausgabe S. VI noch zwei ihm aus Nachlaß-Auktionskatalogen bekannte Exemplare namhaft, die früher v. Glück-Erlangen und G. Cramer-Kiel gehört hätten. Auf den Umstand hin, daß Glücks Exemplar nach seinem Tode (1831) nach Heidelberg kam, wo sich schon damals Roßhirt befand, vermutete er, daß Roßhirts Exemplar mit dem Glückschen identisch war (Archiv 1839, S. 300, Note). Nun beweisen aber Eintragungen in dem Buche selbst, daß es nach Glücks Tode in den Besitz des Staats- und Reichsrats von Ringelmann gelangte (1835), aus dessen Nachlaß es in den Besitz H. Seufferts überging (1870). Nach dessen Tode (1902) kam es in meinen Besitz. Vor Glück hatte es ein gewisser Dr. Sebastian Mylius. Was das Cramersche Exemplar anlangt, so habe ich einen G. Cramer nicht ermitteln können.

wichtigstes Interpretationsmittel der Carolina ist seitdem nicht mehr erschüttert worden; seine Benutzung zu diesem Zwecke sehr allgemein geworden.[123]) Von neueren Kennern der Carolina, die ihn an wichtigen Stellen anziehen, seien nur genannt Schletter in seinem Beitrag „Zur Textkritik der Carolina", 1854, (vgl. S. 5*, 17, 18, 30, 34) und Güterbock in seiner grundlegenden „Entstehungsgeschichte der Carolina", 1876, (vgl. z. B. S. 227, 236 N. 2, 240).[124]) Ja, Geib hat sogar, nachdem er selbst in zwei Beiträgen zum Archiv Goblers Übersetzung in Anspruch genommen hatte,[125]) 1861 in seinem Lehrbuch des Strafrechts schon gegen eine „ungemeine Überschätzung in neuester Zeit" Einspruch erheben zu müssen geglaubt — wobei er dann, wie es zu geschehen pflegt, wieder in der anderen Richtung zu weit gegangen ist.[126]) Wenn aber gegenüber solchen Tatsachen aus 4 Jahrhunderten Stintzing schreibt: „Irgend ein Wert kommt

---

Gemeint ist ohne Zweifel der bekannte Rechtshistoriker A. W. Cramer, der kurz vorher (1833) als Professor in Kiel gestorben war, Bibliophile und Bibliothekar war und dessen große Bibliothek in der Tat verauktioniert wurde. (Cramers kleine Schriften ed. Ratjen 1837, S. LIII.) Im ganzen sind also folgende Exemplare bekannt geworden: die von Damhouder, Zieritz, Bulläus, Kreß, Koch, Walch, Glück, Cramer, Roßhirt, Wächter, Abegg. Hierzu kommen noch die in den Bibliotheken zu Tübingen, Halle, Celle, Breslau, Heidelberg. Was aus diesen Exemplaren geworden ist, und inwieweit sie untereinander identisch sind, ist mir nicht bekannt, außer daß sich jetzt Wächters Exemplar in der Reichsgerichtsbibliothek, Glücks in der meinen und das Breslauer in der Stadtbibliothek befindet. Nur 8 Exemplare rechneten heraus Abegg, A. 1855, S. 552, N. 13, und ihnen folgend Geib, I, 291 und Stobbe, II, 252, N. 61; und sogar nur „etwa 4" Exemplare Abegg an der N. 123 genannten Stelle. Die „mehreren Exemplare", die Wächter, A. 1836, S. 118 N. 7 erwähnt, sind in den genannten enthalten.

[123]) Mit Erfolg und großer Anerkennung wurde er u. a. gleich hierauf benutzt von Zachariae, Versuch, II, 1839 (vergl. S. 19, 166f., 296), der sich vorher eine Abschrift der betr. Goblerstellen verschafft hatte — ebenso wie G. W. Böhmer, ein Beweis, wie erwünscht Abeggs Ausgabe kam. Abegg, Richters Jahrbücher, 1838, S. 48***.

[124]) Berner hat noch zuguterletzt (von der 14. Auflage des Lehrbuches [1886] ab) Goblers Übersetzung als „für die Auslegung nicht unwichtig" anerkannt. (S. 16).

[125]) 1845, S. 189, N. 68, und 1847, S. 360.

[126]) I, 291. Bei dieser Gelegenheit sei der Hoffnung Ausdruck gegeben, daß Geibs durch und durch gediegenes Geschichtswerk wieder mehr als neuerdings üblich verwertet werde.

dem Werke nicht zu. Die gelehrte Jurisprudenz hat sich dieser Übersetzung niemals bedient. . . . als Hülfsmittel für die Auslegung ist die Übersetzung wegen Ungenauigkeit und Unzuverlässigkeit wertlos"[127]) — so fällt ein solches nur durch Unkenntnis selbst längst bekannter Tatsachen erklärliches Urteil garnicht ins Gewicht, obwohl es der berühmte Geschichtsschreiber der deutschen Rechtswissenschaft fällt. Ja, gerade weil Stintzing es für seine Pflicht gehalten, in seinem Werke tausende von einzelnen Büchern zu berücksichtigen, und also mit freilich bewunderungswürdigem Mute eine Aufgabe unternommen hat, deren gewissenhafte Erledigung bei dem Mangel genügender Vorarbeiten die Kräfte eines Menschen weitaus überstieg — können, von wenigen Gebieten abgesehen, seine Urteile über einzelne Werke auf autoritäre Geltung keinen Anspruch erheben.[128])

---

[127]) I, 633.

[128]) Erwägt man aber, welche Fülle von teils vergessenen, teils falschen Angaben schon diese kleine Schrift zu rügen hatte (vergl. N. 2, 6, 7, 14, 14a, 15, 40, 44, 60, 61, 66, 68, 69, 70, 144 und besonders N. 43) — daß diese leicht stark zu vermehrenden Rügen sich sämtlich auf ein winziges Kapitel der juristischen Literärgeschichte beziehen — daß gerade von diesem Kapitel Stintzing mit Recht sagen konnte: „Kein anderer Zweig der deutschen Rechtswissenschaft ist in gleichem Maße historisch durchforscht und bearbeitet worden" (I, 607, N. 1) — und daß mit verschwindenden Ausnahmen schon eine sorgfältige Benutzung der Vorarbeiten diese Fehler vermieden hätte — so kann man einen sicheren Schluß auf die Zuverlässigkeit des überall vertrauensvoll benutzten Stintzingschen Werkes überhaupt ziehen. Über die sonstigen Qualitäten des Werks kann hier in eine seiner Autorität gemäße ausführliche Diskussion nicht eingetreten werden. Nur dies sei, um Mißverständnisse zu vermeiden, hervorgehoben, daß in jeder Beziehung Landsbergs Fortsetzung turmhoch über dem Stintzingschen Anfang steht, der freilich als leider einziges Nachschlagewerk vorläufig unentbehrlich bleibt.

II. Kapitel.

Der Wert des Kommentars.

15. Ist es daher überflüssig, heute noch Goblers Übersetzung eine Empfehlung angedeihen zu lassen, so ist dies um so nötiger in bezug auf seinen Kommentar. Denn es sind alle neueren Autoren — mit der auch hier zu nennenden Ausnahme Roßhirts[129]) — über seine Wertlosigkeit einig. Seit Koch sein oben abgedrucktes,[130]) vernichtendes Urteil über „das fadeste Geschwätz, so man sich über die Carolinam nur gedenken kann" gefällt hatte, und selbst der so wohlwollende Walch — unter Berufung auf Koch — es nicht zu bestreiten wagte „attentionem fere nullam mereri notas",[131]) kehren immer dieselben Vorwürfe wieder, bis auf Spangenberg, der Kochs Urteil, „daß es ein fades Geschwätz sei, und die Carolina weder in historischer noch in dogmatischer Hinsicht erläutere, nur zu sehr gegründet" findet[132]) und Wächter, der erklärt, „man findet zwar da und dort bisweilen Germanische Rechtsquellen angeführt. Allein diese verschwinden ganz unter einem Schwall von Zitaten aus dem Römischen Recht, aus alten Klassikern und Bearbeitern des Römischen Rechts, die er auf ganz geist- und geschmacklose Weise neben einander stellt, und durch welche

---

129) I, 251. Vergl. N. 95.

130) s. S. 38.

131) Introd. S. 62.

132) A, 1825, S. 437; trotzdem fährt er unvermittelt fort: „Da das Auctarium zum Art. 133 einigermaßen dasjenige erläutert, was ich in diesem Archiv über die Abtreibung der Leibesfrucht gesagt habe, so möge es hier in der Note mitgeteilt werden."

die Carolina erläutert werden sollte, mochten sie noch so sehr mit ihr in Widerspruch stehen! Über diese Auctarien ist daher das Urteil von Koch schwerlich zu hart, der sie „das fadeste Geschwätz nennt, so man sich über die Carolinam nur gedenken kann".[133]) Ebenso endlich Stintzing: „die «Auctarien» sind nach allgemeinem Urteil «das fadeste Geschwätz»".[134]) Also Koch und kein Ende — ohne sich zu erinnern, daß es sich hier um die Wertung einer nur geschichtlich zu begreifenden Erscheinung handelte, und zu einer solchen Würdigung das Zeitalter des Naturrechts unfähig war. So kann es uns denn nicht wundern, wenn wir auch bei dem Herausgeber Goblers, Abegg, als Erklärung dafür, daß er die Noten nicht mit abgedruckt hat, lesen: „auctaria vero, utpote quae nullius sunt momenti, sive ad tempus spectes, cui debentur, sive ad ea, quae nostrae aetatis scientia postulet, plane omisi, neque, ne vituperationem eam ob causam incurram, vereor".[135])

Nun, diesen Vorwurf müssen wir gegen Abegg doch noch nachträglich erheben, weil seine Unterlassung es verschuldet hat, daß, ungleich der Übersetzung, die Noten für die Carolinaforschung nicht verwertet werden konnten, und dies ist bedauerlich — denn alle die genannten Ausstellungen sind ungerecht und wären nicht gemacht worden, wenn auch nur einer der Tadelnden Goblers Kommentar vorurteilsfrei sich angesehen hätte.

Prüfen wir der Reihe nach!

16. Der erste Vorwurf richtet sich gegen die Menge der Zitate. Aber wer diese tadeln wollte, müßte die ganze Jurisprudenz von den Zeiten der Postglossatoren bis tief in das 17. Jahrhundert hinein verdammen! Von ihr gilt fast ohne Ausnahme Allards treffendes Wort: „Il leur semblait que rien ne pouvait mieux fortifier une opinion que le nombre des docteurs qui l'avaient enseignée; ils ne pesaient point les autorités, ils les comptaient."[136]) Und dies ist sogar be-

---

[133]) A., 1830, S. 89.

[134]) I, 633.

[135]) Ed. S. XII.

[136]) Histoire de la Justice Criminelle au XVIe Siècle. 1868. S. 505. Übrigens

rechtigt, wenn wir die Rolle erwägen, die das Gesetz damals spielte. Unsere moderne Vorstellung, daß ein Gesetz gilt, eben weil es Gesetz ist, ist erst wieder von der Doktrin des absoluten Staates, des aufgeklärten Despotismus, begründet worden; die Zeit des Überganges vom Mittelalter zur Neuzeit sah im Gesetz eine Autorität wie andere Autoritäten auch, nicht mehr. So löst sich auch leicht der alte Streit, ob der Carolina der Rang eines Gesetzes oder nur der eines Lehrbuches zukommt. Faßt man Gesetz im modernen Sinne, so hat die letztere, früher herrschende, heute wohl nur von v. Liszt[137]) vertretene Meinung recht: in diesem absoluten Sinne war es die Carolina so wenig wie irgend ein anderes Gesetz der Zeit. Sieht man aber auf die Auffassung der Zeit und versteht man ihr gemäß unter einem Gesetz die höchstklassige der juristischen Autoritäten, deren Rang sich in unmerklichen Abstufungen bis zu der Privatmeinung eines beliebigen Juristen senkt, so hat die neuere, von Wächter[138]) hauptsächlich zur Herrschaft geführte, Meinung recht, die in der Carolina (nicht in der Bambergensis!) ein durchaus vollgültiges Gesetz erblickt. So mußte es also Goblers Bestreben sein, aus möglichst vielen, das gleiche oder ähnliches lehrenden, Zitaten der Carolina die Kraft zuströmen zu lassen, die sie aus sich selbst bezw. aus den politischen Machtverhältnissen der Zeit nicht ziehen konnte. Dementsprechend sagt er auch gleich im Auctarium zum ersten Artikel von dem Gesetze: „eam nosse, atque in iudicijs publicis multum valere, multumque autoritatis habere oportet, praesertim cum ex scripto iure et aequitate prudenter in communem iudiciorum usum ac utilitatem a Divo Carolo Imperatore nostro proposita sit." Und auf der anderen Seite darf nicht übersehen werden, wie gerade

---

eine alte Antithese! So finde ich in dem N. 60 citierten Werke von Voltz: „Saepe communis opinio dicitur, quae non est communis. Saepe plures diversae opiniones dicuntur communes. Saepe opiniones non ponderantur, sed numerantur. Saepe DD. ad communem sententiam stabiliendam citantur, qui plane contrarium statuunt. Omnia male". (S. 143, nach Beseitigung eines sinnlosen Schreibfehlers). Zusätze des Herausgebers Burchard.

137) Lehrbuch S. 24.

138) G. R., S. 22. Vergl. auch v. Kries, Lehrbuch des Strafprozeßrechts, S. 30f. Güterbock, S. 255. Brunnenmeister, S. 290, N. 3.

dieser „Zitatenschwall" doch auch zugleich die Möglichkeit freier Rechtsentwicklung schuf. Je mehr Autoritäten, desto mehr auch der Widersprüche, und desto leichter, die eigene Überzeugung unter dem Schutze irgend einer früher ausgesprochenen Ansicht in die Wissenschaft einzuführen. Dabei geht Gobler in dieser Hinsicht noch lange nicht so weit, wie andere gleichzeitige und spätere Autoren. Wurde es doch bald sogar zur Sitte, ein alphabetisches Verzeichnis der zitierten Autoren dem Werke voranzustellen, wobei offenbar die möglichste Länge erstrebt wurde; so zählt der knappe Kommentar des Zieritz (1622) 434 Namen auf. Gobler war eben hier wie auch in anderen Punkten der Prügelknabe, auf dem alles herumschlug, indem man eines Mannes Urteil ohne neue Prüfung wiederholte. Man suchte ein Musterexemplar einer Juristischen Niedergangsperiode — hat sich aber leider in der Wahl des Beispiels vergriffen.[139])

17. Der zweite Vorwurf betrifft die Geschmacklosigkeit, will sagen, die unhistorische Weise, in der Gobler alle mög-

---

[139]) Noch in einer anderen Beziehung ist Gobler ungerechterweise zu einem besonders abscheulichen Exemplar gestempelt worden: im Punkte der Plagiate nämlich. (Vgl. Wächter, G. R., S. 81: „literarhistorische Merkwürdigkeit in dem Kapitel von den Plagiaten.") Jedoch wer sich hierüber moralisch entrüsten wollte, würde modernste Maßstäbe an ganz anders empfindende Zeiten legen. Gewiß hat Gobler plagiiert; aber auch die von ihm plagiierten hatten es getan, und ebenso geschah ihm wieder von späteren. Hier sei ein Wort zitiert, das Seckel zwar nur in Bezug auf das Mittelalter ausspricht, das aber auch sehr gut auf die „skrupellose Humanistenzeit" paßt. „Ein Vorwurf, der freilich im Mittelalter leicht wiegen würde. Herrmann befände sich auch als Dieb in guter Gesellschaft; haben ja ein Azo, Hugolinus, ein Guilelmus Durantis, ein Johannes Andreä der damaligen Gepflogenheit unehrlichen Abschreibens ihren Tribut gezollt". (Geschichte beider Rechte, S. 191, N. 134.) Ebenso nahmen auch die Dichter frühere Dichtungen, Legenden usw. gleich kapitelweise in ihre Werke auf, und jeder weiß, wie die Maler unzählige Figuren und Landschaften anderer Künstler in ihre Bilder einfach einfügten. Der Sinn für Persönlichkeit, der das eigene Ich schätzt, und für geistiges Eigentum, der das fremde Ich achtet, war eben noch nicht entwickelt, — hat sich in der Wissenschaft am spätesten entwickelt. — Das Gezeter, das sich damals über besonders arge Diebstähle nicht selten erhob, wurde nicht moralisch, sondern geschäftlich motiviert.

lichen Gebiete zu Zitierzwecken abgegrast hat. Aber auch hier legt man ihm die noch dazu sehr entschuldbaren Sünden seiner Zeit in ungerechtem Maße zur Last. Es war eben eine unhistorische Zeit; aber auch die ungeschichtliche Auffassung darf beanspruchen, geschichtlich aufgefaßt zu werden. Es war die Zeit der Hochrenaissance. Man glaubte in ungetrübter Überzeugtheit an die Kontinuität und Einheit der antiken und der christlichen Welt: noch hielten sich die Kaiser für die Nachfolger der Cäsaren, die Adelsgeschlechter leiteten sich von den Helden des trojanischen Krieges her, der Papst saß auf dem Stuhle Petri, die Staatsmänner nahmen die Römer des Livius zum Muster, die Humanisten schrieben ciceronianischer als Cicero, die Künstler und Dichter ließen den ganzen Olymp in ihre Gegenwart naiv sich mischen. Antike Putten umkränzten die Bildnisse der Herrscher; warum nicht auch antike Zitate ihre Gesetze? Und liegt denn alles dies uns gar so fern? Betrachten wir die Geistesrichtung auch der heutigen katholischen Frommen! Genau wie diese die Normen ihres religiösen Lebens allen Ernstes bestimmen durch Aussprüche, die von der Erschaffung der Welt an bis auf das Jahr des Heils 1904 reichen, und, wenn auch mit mannigfach abgestufter Ehrfurcht, auf Worte sich berufen, die göttliche Wesen, jüdische Könige und Propheten, römische Bischöfe, syrische Märtyrer, englische Heilige, afrikanische Kirchenväter, spanische Ordensgenerale, internationale Konzilien und moderne Theologieprofessoren gesprochen haben sollen, — genau so bestimmen sich für Gobler und alle seine Zeitgenossen die Normen ihres weltlichen Lebens durch Aussprüche von Bibel und Pandekten, Volksrechten und Rechtsbüchern, von griechischen Dichtern und Philosophen, römischen Rednern, mittelalterlichen Kaisern, italienischen Glossatoren, und durch die Urteile, die die Kollegen von der Fakultät gestern gefällt haben. Und wenn sich die Frommen berufen können auf den unhistorischen Charakter, der zumal einer geoffenbarten Religion ewig notwendig zukommt, so können sich jene Juristen berufen auf den ungeschichtlichen Charakter, der aller Wissenschaft ihrer und der folgenden Zeit auf lange hinaus ganz unbestritten anhaftete. Umgekehrt muß für Gobler angeführt werden, daß er sich des bloß antiquarischen Charakters mancher seiner Ausführungen wohl bewußt bleibt, und gelegentlich hinzufügt: „quas (sc. leges) ob illam antiquitatem legisse non fuerit inutile“ (zu Art. 157). Und wenn es Gobler hauptsächlich verübelt worden ist, daß er Cicero und Aristoteles so häufig angezogen, so sei in bezug auf Cicero bemerkt, daß Schwarzenberg, der Ciceroverehrer, gewiß der letzte gewesen wäre, der sich über die Vergleichung seines Werkes mit den Aussprüchen des Römers beklagt hätte, — und ferner, daß bis auf Brunnenmeister Ciceros Schriften vielfach als Quelle der Bambergensis angesehen wurden.[140]) Was aber Aristoteles anlangt, so bedarf die Berufung auf ihn angesichts der Rolle, die der „Philosophus“ in der ganzen mittelalterlichen Jurisprudenz gespielt hatte, und zu Goblers Zeit noch durchaus spielte, überhaupt keiner Rechtfertigung; und auch unsere heutige Rechtswissenschaft, die in manchen Punkten es für nötig findet, dogmengeschichtliche Entwicklungen an Aristoteles anzuknüpfen, könnte mit Interesse aus Goblers Auctarium entnehmen, welche Stellen aus den aristotelischen Schriften damals gewirkt haben.[141])

Wenn nun, obwohl, wie wir sehen, Goblers Noten durchaus dem Geiste der Zeit angemessen waren, sie fast keinen Beifall fanden, so erklärt sich dies sehr einfach daraus, daß gerade die zeitgenössischen Kriminalisten aus hier nicht zu erörternden Gründen vom Hauche des Humanismus am wenigsten berührt waren, und als dies ein halbes Jahrhundert später sich zu ändern begann, sein natürlich nur einmal aufgelegtes Werk — was bei der damaligen Organisation des Buchhandels[142]) nicht Wunder nehmen kann — schon verschollen war. Die Gunst der Zeit erfuhr nun die Paraphrase des Remus,

---

[140]) Vergl. Brunnenmeister, S. 237 N. 1. Übrigens halten wir die Frage gar nicht so abgetan, als er es darstellt.

[141]) Die Stellen, die Gobler citiert, sind nicht selten identisch mit den von R. Loening in seiner „Geschichte der strafrechtlichen Zurechnungslehre. I. Band. Die Zurechnungslehre des Aristoteles, 1903“ hervorgehobenen. So Ethic. Nic. V 15, S. 1138 5 (Akad.), die Gobler zu Art. 135 u. Loening S. 356 N. 11 citieren.

[142]) Vergl. N. 52.

die viele Auflagen und Nachdrucke[143]) erlebte, obwohl oder vielmehr gerade weil dessen Noten die an Gobler getadelten Eigenschaften in noch weit höherem Maße tragen, nur der Zahl nach weniger und inhaltlich dürftiger sind. Es leuchtet nun ein, wie ungerecht es auch hier war, aus dem verschiedenen Erfolge der beiden Bücher auf ihren verschiedenen Wert zu schließen.[144]) — Andererseits wollen wir nicht, wie die früheren Verteidiger Goblers, nun den Remus ganz verdammen, der vielmehr als charakteristisches Denkmal eines uns heute freilich nicht recht sympathischen Stils, des Barock, immerhin interessant ist und hoch über seinen nächsten ganz banausischen Nachfolgern steht. Einen anderen als diesen kulturhistorischen Wert hat er — im Gegensatz zu Goblers Werk — für uns allerdings nicht.

18. Hiermit hängt auch der dritte Vorwurf zusammen: daß er einseitig romanistisch kommentiere. Aber wäre dies nicht, selbst wenn es wahr wäre, ganz entschuldbar bei dem frühesten Kommentator eines Gesetzes, das sich selbst als einen Ausschnitt aus den „kaiserlichen Rechten", d. h. aus dem Römischen Rechte ansah, das für alle Lücken und Schwierigkeiten auf den Rat der Rechtsverständigen, also von Romanisten verwies, und, wie wir heute wissen, in der Tat zum großen Teile auf den Werken der Italiener, also indirekt doch auf dem Römischen Rechte, ruhte?

Während nun aber die folgenden Kommentatoren von Remus bis zu Clasen, also bis gegen Ende des 17. Jahrhunderts, alle nicht romanistischen Quellen fast gänzlich ignorierten, kann es Gobler gar nicht hoch genug angerechnet werden, daß er nicht nur gelegentlich auf die Abweichungen der Carolina vom

---

[143]) Koch, § 12.

[144]) So z. B. Stintzing, I, S. 633 und 637. Ganz unrichtig ist es, wenn er hier von Remus behauptet, daß „er sich in seinen Allegationen auf einige Schriftsteller, namentlich Jul. Clarus († 1575), M. A. Blancus († 1548), Mynsinger und Gail, beschränkt". In Wahrheit citiert er, wie schon der erste Blick lehrt, viele hunderte von Namen, und weit mehr als Gobler, zumal in den späteren Auflagen; darunter z. B. Plato, Aristoteles, Cicero, Ovid, Horaz, Homer, Cassiodor, Tertullian und zahllose andere.

Römischen Rechte ausdrücklich und ohne den Versuch einer Verwischung hinweist,[145]) sondern auch in einzigartiger Weise die deutschen Rechte mit gutem Verständnis zum Vergleiche heranzog und ihnen einen nicht viel geringeren Raum einräumte als dem Corpus juris. Vor nicht langer Zeit (1530) erst hatte Joh. Sichard die leges Riboariorum, Baioariorum und Alemannorum zum ersten Male ediert.[146]) Sofort weiß Gobler dies nutzbar zu machen und schwelgt förmlich in Zitaten aus diesen Gesetzen, die er, sehr oft unter wörtlichem Abdruck, an allen geeigneten Stellen in seinen Kommentar einflicht.[147]) Noch häufiger wohl ist der Sachsenspiegel und seine Glosse zitiert,[148]) ferner von deutschen Reichsgesetzen die Notariatsordnung Maximilians von 1512[149]), eine „pulchra lex Caroli Regis de iudicibus", wohl ein Capitulare,[150]) die Reichspolizeiordnung von 1530,[151]) mehrere ältere und neuere Landfrieden,[152]) die Konstitutionen Friedrichs II. von 1220[153]), u. a. Den Wormser Landfrieden von 1521 hat er sogar in einer besonderen Übersetzung, aber ohne Kommentar, dem Buche angefügt: „quia in hoc opere non semel ab Imperatore allegatur".[154]) Wenn man nun bedenkt, wie selbst noch nach Conrings bahnbrechenden Arbeiten die germanistischen Studien vielfach als eines gelehrten Juristen unwürdig galten, kann man dieser Tätigkeit Goblers hohe Achtung nicht versagen, und seine Stellung in der Geschichte der deutschen Rechts-

145) So bei Gelegenheit des Diebstahls zu Art. 158: „Actio furti est criminalis, et datur ad poenam, olim in quadruplum et duplum, ut supra diximus. Hodie autem, quia illa distinctio sublata est, agitur hac actione, ut fur luat poenam in corpore, praesertim si manifestum est et gravius, iuxta hunc Articulum, et sequentes".

146) Stobbe, I, 8.

147) Z. B. zu Artikel 12, 67, 118, 127, 133, 136, 143, 147, 148, 155, 157, 159, 167, 168, 169, 171, 204.

148) Z. B. zu Artikel 20, 39, 92, 139, 146, 147, 148, 150, 158, 159, 160, 178, 179, 180, 218.

149) Zu Art. 5.

150) Zu Art. 1.

151) Zu Art. 106.

152) Z. B. zu Art. 129, 160.

153) Zu Art. 218.

154) Zu Art. 38.

wissenschaft muß auch von diesem Standpunkte aus eine andere werden. Die Hauptrolle spielen natürlich trotz alledem neben den Deutschen Zasius, Oldendorp, Melanchthon, Schenck, und den Franzosen Alciat und Fabre die Italiener, vor allem Bartolus und Baldus, dann aber auch Cinus, Hippolythus, Durantis, Aretinus, Placentinus, Guido,[155] Grillandus, Curtius, Jac. de Belvisio, Gandinus u. a., ganz besonders aber auch der sonst weniger geschätzte Marius Salomonius.[156][157]

19. Ebenso ist mit Unrecht bestritten worden, daß er die Praxis und das Leben nicht berücksichtige: denn es finden sich nicht selten hierauf bezügliche Erwähnungen. So berichtet er zu Art. 19 die für die Entwicklungsgeschichte der öffentlichen Anklage interessante Tatsache: „Index, ein anzeiger, is dicitur, qui malefactores designat et indicat: quod hodie etiam in quibusdam civitatibus Germaniae officium publicum est, gerentes in manibus suis longum ac candidum bacillum" — wodurch auch ein Licht fällt auf das „rätselhafte Amt" des in der Bamberger Landgerichtsordnung von 1503 genannten Inzichters.[158]) Zum Punkte der Gotteslästerung erfahren wir die wichtige Tatsache, daß entgegen den scharfen Bestimmungen des Art. 106: „Hodie tamen communiter in civitatibus contra blasphemos pecuniaria poena statuitur, propterea quod isthaec prava maledicendi consuetudo ita inolevit, quod et nobiles iuxta ac ignobiles huiusmodi maledictis sint assueti, ..." Zu Art. 121

155) Daß Guido de Suzaria den so berühmten, von Gobler oft citierten, und für die Geschichte des Strafprozesses hochwichtigen Tractatus de tormentis (vergl. Brunnenmeister S. 208) gar nicht geschrieben, daß vielmehr diese Schrift mit den ähnlich betitelten Schriften von Bartolus, Baldus de Periglis, Antonius Rosellus, Ambertus de Antramonia u. a. identisch ist, und diese sämtlich wörtlich aus einigen Stellen des Gandinus abgeschrieben sind, werde ich in meinen demnächst erscheinenden „Beiträgen zur Geschichte der Folter" nachweisen.

156) Römischer Pandektist des 16. Jahrhunderts.

157) Wie ein rein romanisierender Kommentar zur Carolina ausgesehen hätte, zeigt die „romanistische Glosse zur Bambergensis", Kohler, Bambergensis, § 11. Sie hat Goblers Werk nicht gekannt, wenn beide auch vielfach die gleichen Zitate haben.

158) Brunnenmeister S. 42. Unsere Stelle bestätigt seine Vermutung.

erfahren wir von einem sonderbaren Heiratsschwindel in großem Stil: „Et vidi Judaeum, qui quocunque hospes & ignotus primum venisset, se baptisari permittebat, matrimoniumque eo loco ingrediebatur, ac sic quidem corrasis [zusammengescharrt] compilatisque tam ex baptismate, quam matrimonio Christianorum donis ac dote, post unum aut alterum mensem fugae se dedit, relicta repudiataque muliercula". Zu Art. 147 berichtet er einen jüngst in Leipzig geschehenen Fall der Ausübung des Bahrrechts (Tötung eines gewissen Theodor von Lenta), dessen noch weite Verbreitung er bezeugt; zu Art. 96 und 97 zwei Fälle von gestörten Hinrichtungen, und dem Verhalten von Richter und Volksmenge demgegenüber; zu Art. 100 über die Unsitte mancher Verteidiger, den Prozeß durch unnütze Anträge zu verschleppen; zu Art. 102, daß entgegen der Vorschrift des Art. 79 nicht in allen Staaten vor der Hinrichtung das Sakrament gewährt werde; zu Art. 6 einen Fall von leichtfertiger Verurteilung eines Unschuldigen auf Grund eines aus Furcht vor der Folter abgelegten Geständnisses, was dann beinahe zu einem Aufstand der Bürgerschaft gegen das Stadtregiment geführt hätte; zu Art. 39 (= 40) etwas über die Praxis der Haussuchung und ihre Voraussetzungen. Von der humanistischen Weise, wie Gobler das antike Leben zur Beleuchtung des zeitgenössischen verwandte, gibt ein Bild die auch sonst interessante Stelle zu Art. 1: „Graeci quondam Comicorum fabulas, ut de iis pronunciarent, non minus quam quinque iudicibus commiserunt, ut autor est Plato et Epicharmus apud Zenodotum. Et capitis iudicium hodie uni alicui illiterato atque insulso, modo nobilitatis nomen gerat, committitur".

20. Schon mit mehr Recht ist gesagt worden, daß Goblers Kommentar in dogmatischer Hinsicht nichts leiste. Indessen bedeutet dies keinen Vorwurf, da er ja allen Bedürfnissen der Interpretation reichlich durch seine Übersetzung genügt hatte. Daß er aber auf die verschiedenen dogmatischen Streitfragen so gut wie niemals eingeht, erklärt sich daraus, daß sie noch nicht bestanden, denn diese tauchen ja erst im Laufe der Zeit durch die Zweifel der Theorie und das Schwanken der Praxis auf. Nun war aber Gobler der allererste, der sich mit der Carolina überhaupt wissenschaftlich befaßte und daher schwer in der Lage, Streitfragen vorzufinden oder Zweifelhaftes zu bemerken. Man erwäge, welchen dogmatischen Wert ein Kommentar über das B. G. B. gehabt hätte, den auch ein besserer Jurist als Gobler, ohne irgendwelche Literatur zu kennen,[159]) hätte anfertigen müssen. Immerhin bleibt auch in dieser Hinsicht der Kommentar nicht ganz ohne Ausbeute. So läßt er entsprechend der bisherigen Doktrin und der späteren Praxis, zu Art. 44 (=45) die Appellation gegen den auf Folterung lautenden Beschluß zu, eine Frage, die man mit Rücksicht auf partikulare Gewohnheiten nicht reichsrechtlich zu regeln gewagt hatte,[160]) und knüpft bei dieser Gelegenheit wie auch sonst eindringliche Mahnungen an die „temerarios ac feroces quosdam magistratus“, die Kautelen der Folterung ja zu beachten, an. Weiter erörtert er an der gleichen Stelle gewisse vom Gesetze nicht geregelte Modalitäten, so die Reihenfolge der zu folternden Personen, und entscheidet dies im Sinne der italienischen Doktrin. Die sorgfältige Behandlung der Verteidigung in Art. 46 (=47) erläutert er in schon naturrechtlicher Argumentation: „Defensio sui adeo iuris naturalis est, ac praerogativa gaudet, ut vel renunciare illi nemo, vel lege aliqua seu constitutione tolli possit. Quum enim dominus sui corporis, suorumque membrorum nemo sit, idcirco ut supplicio sese addicat, aut ad supplicium temere obliget, ferendum non est“ — eine Begründung, die freilich zu geistreich ist, als daß ich sie Gobler zutrauen möchte und die daher nach Italien weist.[161]) Das gleiche gilt von der folgenden

---

[159]) Allerdings heißt es zu Art. 147: „Hunc Articulum explicare hoc modo videtur Baro Schenck, conclusione 54.“ Doch ist hier wohl nur die betreffende sachliche Frage gemeint. Ich konnte das Buch noch nicht einsehen.

[160]) Vergl. Kohler, Ed. S. 115, und Güterbock, S. 125, 146 N. 2, 169 N. 1,

[161]) Überhaupt möchte ich mich dagegen verwahren, als ob alles, was hier zum Lobe des Goblerschen Kommentars gesagt wird, Gobler persönlich anzurechnen ist. Im Gegenteil ist mir durchaus nicht unwahrscheinlich, daß er auch hier gelegentlich plagiirt hat, sodaß unser Lob seine Quellen trifft, und ihm insoweit nur das Verdienst bleibt, gerade sie und nicht schlechtere benutzt zu haben. Freilich ist es mir bisher nicht gelungen, solche zu vermutenden

Stelle zu Art. 24: „Nimirum ubi est eadem ratio, ibi lex extendi debet ad ulteriores casus: quum lex quandoque utatur vocabulis exempli dandi causa".

21. Weit wichtiger freilich sind Goblers Noten für uns in historischer Beziehung und von allen Vorwürfen am ungerechtesten die, welche dies bestreiten. Gewiß soll nicht geleugnet werden, daß seine Auffassung von den Quellen der Carolina eine für unsere Ansprüche (nicht die der Zeit!) vielfach mangelhafte war, so daß er, der die Gesetze der alten Ägypter heranzieht, z. B. keine Ahnung hat von der mater Carolinae, und, komisch genug, die Eidesformel des Art. 3 auf eine Stelle bei Plato zurückführt, während sie aus der Bamberger L. G. O. von 1503 stammt.[162]) Aber auf der anderen Seite zeigt er wieder ungewöhnliche Kenntnisse auch ferner liegender Quellen. So führt er zu Art. 35 (= 36), der — und zwar unter Vermittlung des Correktoriums zur Bambergensis Art. 44 — dem Indiz, daß aus milchhaltenden Brüsten auf Schwangerschaft geschlossen werden dürfte, die volle Beweiskraft wieder abspricht, eine Stelle aus Hippocrates, fünftes Buch der Aphorismen, an, die ohne Zweifel den „etlich leipartzt" bei ihrem Widerspruche vorgeschwebt hat.[163]) Und auch die „alten rhetorischen Schultraditionen", die nach Stintzing[164])-Bernays jenes Indiz als Beispiel einer Schlußfolgerung verwandten, stecken in den Worten: „Argumentum est a signo, quod quidam necessarium dicunt: uidelicet, Puella lac habet, ergo est corrupta." In gleicher Richtung bewegt sich ein weiteres der Scholastik, deren Bedeutung für die Carolina noch längst nicht genügend gewürdigt ist,[165]) entnommenes Argument. Die Artikel 48—52, die zur Kontrolle des erfolterten Geständnisses bei Mord, Verrat, Vergiftung, Brand, Zauberei anleiten sollen, sind diejenigen, die „wohl am bestimmtesten

Plagiate nachzuweisen. Die Manuscripte seines Schwiegervaters Fabricius (Stintzing I, 583 N. 1) kommen hier jedenfalls nicht in Betracht.

[162]) Brunnenmeister, S. 48.

[163]) Kohler, Bambergensis, S. 122, und Brunnenmeister, S. 231f.

[164]) I, 619 N. 2.

[165]) Richtig Stintzing l. c. gegen Brunnenmeister S. 237.

Schwarzenberg zugeschrieben werden dürfen."[166]) Sie haben weder in den deutschen noch in den italienischen Quellen ein Vorbild, und man muß die Umsicht bewundern, mit der Schwarzenberg die Fülle des Fraglichen nach regelmäßig wiederkehrenden Gesichtspunkten so gut wie erschöpfend geregelt hat. Nun macht Gobler zu Art. 48 (= 49) darauf aufmerksam, daß die Fragen dieses Artikels, nämlich: „wer jnen darzu bestellt, vnnd was er darumb empfanngen; Auch wo, wie und wann sollichs gescheen sey, und was jnen darzu verursachet habe" dem alten Schema: quis, quid, ubi, quibus auxiliis, cur, quomodo, quando fast entspräche. Und in der Tat lehrt ein Blick auch auf die übrigen Artikel, daß sie im großen und ganzen in den Umfang dieses 7 teiligen Schemas sich einordnen. Wenn man nun einerseits die historische Bedeutung derartiger Schulformeln,[167]) anderseits den Nutzen, den sie auch heute noch Schülern bei der Gestaltung des Stoffes zu ihren Aufsätzen leisten, erwägt, wird man es durchaus für wahrscheinlich halten, daß Schwarzenberg bei der Ausarbeitung dieser Artikel die Hülfe des ihm ohne Zweifel bekannten Hexameters nicht verschmäht hat.[168]) Einen anderen Fingerzeig gibt Art. 144, der von der Notwehr gegen Weiber handelt, zu dem sich ebenfalls ein Vorbild nicht finden läßt. „Was Schwarzenberg zu einer verhältnismäßig weitläufigen Behandlung derselben veranlaßt hat, ob ein spezieller Fall der bambergischen Praxis, muß dahingestellt bleiben."[169]) Nun führt Gobler hierzu eine Geschichte von den streitbaren Böhminnen an, die Böhmen 7 Jahre lang beherrscht und viele Männer im Kampfe erschlagen

---

[166]) Brunnenmeister, S. 235.

[167]) Gerstlacher schreibt noch 1793 in seinem verspäteten und daher vergessenen, aber guten Kommentar, ohne Gobler zu kennen, zu Art. 53: „Gemeiniglich reduziert man diese Fragpunkte auf sieben..... Oder es kann auch der bekannte lateinische Vers: quis? quid? ubi? quibus auxiliis? cur? quomodo? quando? eine Anleitung zum Fragen geben." Der zweite Teil des Kommentars, von Art. 112 ab, erschien übrigens, was übersehen wird, getrennt, 1794. Beide im Handbuch der deutschen Reichsgesetze, XI.

[168]) Mit geringerem Rechte behauptet Gobler zu Art. 25 das gleiche für die Anordnung dieses Artikels.

[169]) Brunnenmeister, S. 184.

hätten „ut author est Aeneas Sylvius capite septimo historiae Bohemicae“. Da nun dieses Buch des berühmten Kulturhistorikers[170]) und späteren Papstes Pius II. (de ortu, regione, et gestis Bohemorum, zuerst 1475) zu Schwarzenbergs Tagen äußerst beliebt war, und diese Geschichte in aller Ausführlichkeit noch von Kress in seinem Kommentar zu diesem Artikel erzählt wird, so ist nicht unwahrscheinlich, daß Schwarzenberg hierdurch zu seiner Bestimmung angeregt worden ist. Überhaupt dürfte es sich angesichts der Tatsache, daß der damalige Gesetzgeber nicht selten gegen fabelhafte Tatbestände reagierte (Hexerei!), empfehlen, auch die in nicht-juristischer Literatur aufgespeicherten Erzählungen zur Interpretation der Rechtsquellen heranzuziehen. Eine sehr richtige Quellenangabe findet sich ferner zu Art. 160, wo er die Einteilung der Diebstähle in große und kleine, über und unter 5 Gulden wert, sofort zurückführt auf den bekannten Landfrieden Friedrichs I. von 1156, der die Summe von 5 Schillingen zur Grenze machte,[170a]) und ebenso führt er mit Recht die Aufhebung des Grundruhrechts zu Art. 218 auf die Constitutio Navigia Friedrichs II. von 1220 zurück.[171]) Natürlich muß hier der Begriff der Quelle nicht in dem äußerlichen Sinne verstanden werden, daß er nun gerade das Blatt Papier bezeichnet, das Schwarzenberg bei seiner Arbeit vor Augen gehabt hat, sondern nur dasjenige Rechtsdenkmal, in dem schon vorher in deutlicher und historischer wirksamer Weise der betreffende Rechtsgedanke zum Ausdruck gekommen ist.

In anderem Sinne sind die vielen Zitate aus dem Codex und den Pandekten zu würdigen, die Gobler zu den meisten Artikeln

---

[170]) „Hier steht nun vor allem so viel fest, daß Aeneas Sylvius, der „Apostel des Humanismus“ auf deutschem Boden, allda nicht nur in der Sphäre des von ihm hauptsächlich geförderten altklassischen Studiums, sondern überhaupt im Bereiche der allgemeinen Wissenschaften weit über die Grenzwache seines Zeitalters hinaus, selbst unverdrängt durch den Geist der Reformation, sozusagen tonangebend geblieben ist.“ H. G. Gengler, Über Aeneas Sylvius in seiner Bedeutung für die deutsche Rechtsgeschichte, 1860 (mit reichem Material). S. 28.

[170a]) Roßhirt, I, 251. Brunnenmeister, S. 96ff.

[171]) Stobbe, I, 481, N. 88.

beibringt, häufig sogar mit den Worten: „hic § desumptus est ex l.“ etc.[172]) Jene Zitate sind nämlich nichts mehr und nichts weniger als genau die Zitate, welche die Italiener von Gandinus bis Hippolythus als Stützen ihrer Meinungen angeführt haben. Es lohnt nicht, Beispiele anzuführen, weil alle Stellen diese Behauptung belegen, und in der Tat ist es von vornherein ausgeschlossen, daß Gobler das Corpus juris durchstöbert haben soll, um die Belege zu finden, die jeder Italiener von seinem Vorgänger übernahm und somit ihm mühelos an die Hand gab. Mag nun auch Gobler im Geiste der Zeit sich vorgestellt haben, daß „der Kaiser“ diese Gesetze unmittelbar ausgeschrieben habe, wir werden in ihnen nichts als die Stellen suchen, in Anlehnung an welche die italienischen Juristen ihre fortzeugenden Gedanken entwickelt haben. Sehen wir daher die Zitate mit unseren Augen an, so scheinen sie uns freilich oft wenig zu den angeblich aus ihnen entnommenen Karolinenstellen zu passen, betrachten wir sie aber, wie es die geschichtliche Sachlage verlangt, mit den Augen der Italiener, für die sie nichts waren als das bald mehr, bald weniger naiv benutzte Mittel, um — ganz im Geiste der Renaissance — reformatorische Ideen unter dem Schutze einer antiken Autorität durchzusetzen,[173]) so schwindet dieser unserem Autor vorgeworfene Widerspruch vollkommen. Da nun seit langem feststeht, daß Wormser Reformation und Klagspiegel die Quellen der Bambergensis-Carolina in wichtigsten Teilen sind, jene aber, wie wir besonders seit Brunnenmeister wissen, auf den Schriften der Italiener durchaus ruhen, und diese endlich sich durchweg an römische Stellen halten, so haben wir in Goblers Auktarien, indem sie eine Sammlung dieser Stellen geben, auch zugleich eine Sammlung der Quellen der Carolina, soweit sie romanistischer Provenienz ist.

[172]) Z. B. in den Marginalnoten zu Art. 36, 111, 112, in den Auctarien zu Art. 113, 133 u. ö.

[173]) Dies gilt freilich erst von den sog. Postglossatoren, die, weit entfernt eine Zeit des Verfalls herbeigeführt zu haben (die Zeit Giottos und Dantes!), vielmehr in die byzantinische Versteinerung der Glossatorenschule ein gänzlich neues Leben brachten und durch geniale Umgestaltungen des überlieferten Stoffes das römische Recht erst rezeptionsfähig machten, eben dadurch aber das Mißfallen jener erregten, die wie Savigny, unhistorisch genug, in jener Wieder-

Um diesen Streifzug durch den Inhalt der Auktarien zu beendigen, sei nur noch hinzugefügt, daß sie außer manchen sprachgeschichtlichen und kulturhistorischen Notizen, deren Wert ich nicht beurteilen kann, auch mehrere teils unbekannte, teils der Bestätigung bedürftig gewesene biographische Nachrichten enthalten. So erfahren wir zu Art. 21 und 109, daß Gobler um die Mitte der dreißiger Jahre in Frankreich und auch in Paris gewesen ist, zu Art. 96, daß er als Knabe sich in Eschwege aufgehalten hat, und zu Art. 120, daß er beabsichtige, die Quaestionen des Pileus auf Grund eines „aliquando correctius exemplar in studiosorum gratiam" herauszugeben.[174])

---

geburt einer großen Jurisprudenz lauter „Mißverständnisse" des „reinen" römischen Rechts erblickten.

[174]) Vergl. Savigny, IV, 336.

Schluß.

22. Zum Schlusse noch ein kurzes Wort über die Quellen und Vorlagen Goblers. Welche Ausgabe der Carolina er benutzte, läßt sich nicht ermitteln, vermutlich war es eine der verbesserten Ausgaben von 1534 an.[175] Den Sachsenspiegel hat er nach einer der glossierten, in Bücher geteilten Ausgaben, mit deutschem oder deutsch-lateinischem Text (Typus der 2. Klasse) benutzt;[176] die Volksrechte nach der Ausgabe von Sichard,[177] die römischen Quellen nach glossierten Ausgaben, Plato und Aristoteles nach einer der griechischen oder griechisch-lateinischen Ausgaben. Einige dogmatische Ausführungen klingen an Gandinus, Aretinus, Hippolythus an; kulturhistorische Nachrichten sind aus Aeneas Sylvius[178] und der anschließenden kulturhistorischen Literatur geschöpft.[179] Ausgedehnte Plagiate, die nicht unwahrscheinlich,[180] habe ich nicht gefunden; eine weitere Untersuchung der Quellen lag außerhalb des Plans dieser Arbeit und hätte sich wohl auch im Vergleich zu ihrer offenbar notwendigen Ausgedehntheit und Mühseligkeit kaum gelohnt.

23. Wenn wir unsere Ergebnisse überblicken und die noch heute unvermindert fortbestehende außerordentliche Seltenheit des Originals erwägen, muß in uns aus ähnlichen Gründen wie

---

175) Siehe N. 32.

176) Vergl. Homeyer, Sachsenspiegel, §§ 6 und 12.

177) Siehe Seite 56.

178) Siehe N. 170.

179) Siehe das Verzeichnis bei Gengler, [oben N. 170], S. 28ff.

180) Siehe N. 139 und 161.

einst bei Wächter und Abegg der Wunsch wach werden, daß eine Neuherausgabe des Gobler vorgenommen werde. Wenn diese Abeggs Fehler vermiede und einerseits weniger brächte als dieser, nämlich den für unsere Zwecke fast wertlosen Remus fortließe, andererseits aber mehr böte, nämlich außer der Übersetzung den gesamten Kommentar, und die erstere für die dogmatische, den letzteren für die historische Interpretation des ebenfalls abzudruckenden Gesetzestextes nutzbar machte — so wäre die strafrechtliche Literatur um ein wertvolles Werk bereichert, doppelt wertvoll für eine Zeit, in der die Carolina immer mehr in den Mittelpunkt des strafrechtsgeschichtlichen Interesses tritt.

Anhang.

Exkurs

über die Princeps der Carolina.

Hauptsächliche neuere Literatur: Walch, de C. C. C. editione authentica. (Opuscula III, 210—217.) 1793. G. W. Böhmer, Über die authentischen Ausgaben der Karolina. 2. Ausg. 1837. Güterbock, S. 208 ff. Kohler, Ed., § 4—5.

Bekanntlich ist seit Jahrhunderten überaus strittig, welche Ausgabe der Carolina als die Princeps anzuerkennen sei — eine Frage, die „für die Textkritik von erheblicher Wichtigkeit ist".[181]) Drei Ausgaben kommen in Betracht: die sog. Anonyma, sine loco et anno; die vom Hornung 1533; eine zu vermutende, noch nie gefundene vom Jahre 1532. Daß die Anonyma nicht die gesuchte ist, steht heute fest, da frühere Forscher es wahrscheinlich machten und nun Kohler-Scheel auf eine ebenso originelle wie schlagende Weise bewiesen haben, daß sie sogar recht spät anzusetzen ist.[182])

Was dagegen die Ausgabe vom Hornung 1533[183]) anlangt (es giebt bekanntlich noch eine zweite Ausgabe von 1533), so hat Güterbock so gewichtige Gründe gegen ihre Princepsnatur

---

181) Güterbock, S. 208.

182) Kohler, Ed., S. XLV, setzt sie nach 1556.

183) Nach Kohler, Ed., S. XXII sind zwei Zustände dieser Ausgabe zu unterscheiden; einer, bei dem in Art. 3 sich der Druckfehler Kalrs statt Karls findet, und ein zweiter, in dem dieser — wohl majestätsbeleidigende? — Fehler schon ausgemerzt ist. Ich füge hinzu, daß 1) sich dieser anfängliche Fehler auch in dem Kolumnentitel von f. 1 findet und 2) Exemplare mit diesem Fehler wohl nicht so selten sein dürften; denn er befindet sich außer in den drei von Kohler aufgezählten z. B. noch in dem Exemplare zu Heidelberg (U. B.) — wie aus Zöpfls Abdruck, 3. Aufl. S. IX, hervorgeht und in dem Exemplare des kriminalistischen Seminars an der Universität Berlin.

angeführt — einmal, daß unverständlich wäre, warum Schöffer, der Drucker, ein Viertel der kostbaren Privilegienzeit verstreichen ließ, ohne das Gesetz zu drucken, da er doch zum Druck geringerer Werke in diesen Monaten Zeit fand; zweitens, daß die Brandenburgischen Räte schon am 14. (nicht 15.) September 1532 an ihren Herrn berichteten, daß die Carolina schon im Druck sei, und dieser doch unmöglich sich noch durch 5 Monate hingezogen haben kann — daß demgegenüber Kohlers Argumente trotz ihrer Stärke m. E. die Frage noch weiterhin auf des Messers Schneide stehen lassen. Bei dieser Lage der Dinge — und da von jeher in dieser Frage mit mikroskopischen Argumenten hüben und drüben gekämpft wurde — sei es mir gestattet, von einigen handschriftlichen Notizen in meinem Goblerexemplar,[184]) welche zu Gunsten Güterbocks sprechen, Kenntnis zu geben.

Es handelt sich um mehrere mit Bleistift geschriebene, aus inneren und äußeren Gründen ins 18. Jahrhundert zu setzende Notizen am Rande mehrerer Artikel, von denen wir nur die hier in Betracht kommenden aufführen wollen.

1. Die Ausgabe von 1533 enthält in Zeile 9—11 des Art. 1 der Kohlerschen Ausgabe[185]) die Worte „alssdann zu diser großen sachen, welche des menschen erh, leib, leben vnd gut belangen sein, dapffer und wohlbedachter fleiss, gehorich;" die — korrigierte — Ausgabe von 1534 verbesserte den Singularis diser (und veränderte die Orthographie); spricht daher von „diesen großen sachen". Ebenfalls den Plural hat die Anonyma.[186]) Gobler übersetzt dieser Änderung gemäß: in eiusmodi magnis & capitalibus causis. Unsere Hand hat nun magnis unterstrichen, hinter das s ein ˣ gesetzt und am Rand geschrieben: ed. 1532 diser 1534 diesen.

---

[184]) In meinem Exemplar (vergl. N. 122) haben die Hände sehr vieler früherer Besitzer und Benutzer ihre Spuren zurückgelassen, darunter auch eine Hand wohl des 19. Jahrhunderts, die zu dem verstümmelten Art. 192 (vergl. N. 28) bemerkt hat: „prmissa st haec § [?] secundum edit. primam de 1533."

[185]) Kohler, Ed., S. 7 N. 11. Unsere Schreibart ist die des Originals.

[186]) Kohler, Ed., S. XLII: „disen".

2. Die Ausgabe von 1533 enthält in Zeile 1—6 des Art. 6 des Zöpflschen[187]) Abdrucks die Worte: „Item so jemandt eyner übelthat durch gemeynen leumut, berüchtiget oder andere glaubwirdige anzeygung verdacht vnd arghwonig, vnnd deshalb durch die oberkeyt vonn ampts halben angenommen würde . . . .“ Das Komma nach leumut ist offenbar sinnlos,[188]) da leumut und berüchtiget zusammengehört, und so übersetzt denn Gobler auch: Si quis alicuius maleficij vulgo diffamatus . . . . Hierzu bemerkt nun unsere Hand am Rande: Hierd. erhellet daß in d. Edit. de 1532 falsch interpunctirt

3. Der Text der Carolina lautet in Art. 4: „Item soll ein jeder, Schöpff oder vrtheylsprecher des peinlichen gerichts, dem Richter desselben, globen vnnd schweren, wie hernachuolgt, welche pflicht jm dem Schöpffen vorgelesen, vnd er also nachsprechen soll.“ Gobler übersetzt die ersten gesperrt gedruckten Worte: ut sequitur; die zweiten: ipse dein proferat. Unsere Hand schiebt nun, dem Texte gemäß, hinter sequitur ein: hernach; hinter dein: ita.

Erwägt man nun, daß unser Unbekannter sich für die Carolina im höchsten Maße interessiert haben muß, wenn er Goblers Übersetzung mit 2 Drucken vergleicht, daher auch den Streit um die Princeps gekannt haben und also gewußt haben muß, was es hieß, 1532 zu schreiben; daß er ferner nicht etwa, wie

[187]) Wir müssen hier leider auf diese ältere Ausgabe verweisen, weil die Kohlersche die Sache, auf die es hier ankommt, die Interpunktion der Ausgabe von 1533, nicht ersichtlich macht (obwohl sonstige Verschiedenheiten von Druck und Handschrift in den Noten berücksichtigt werden). Kohler hat nämlich die Interpunktion modernisiert, wie er selbst sagt (Ed. S. LXXVIII): „Die Interpunktion ist natürlich eine moderne; auf sie wurde besonderer Wert gelegt, denn eine richtige Interpunktion ist für den Modernen, welcher alte Texte zu lesen hat, eine halbe Übersetzung, oft ein wirklicher Kommentar.“ Dies ist richtig — aber eben deshalb hätte u. E., da ja doch der Text und nicht ein Kommentar geboten werden sollte, jede Änderung, falls sie denn wirklich geschehen mußte, entweder in die Noten gesetzt werden oder mindestens als solche erkenntlich gemacht werden sollen. Hoffen wir, daß eine neue Auflage bald Gelegenheit gibt, diesen kleinen Schönheitsfehler auszumerzen, damit nicht noch fernerhin eine Benutzung der alten Editionen neben der neuen unvermeidlich bleibt.

[188]) Daher denn auch von Kohler beseitigt.

so viele, die Anonyma für die Ausgabe von 1532 gehalten haben kann, da diese sich in dem zu 1. fraglichen Punkte von der 1534er Ausgabe nicht unterscheidet; und daß vor allem, wie die Bemerkungen zu 3. beweisen, er ein Mann von einer ans Lächerliche streifenden Akribie gewesen ist, so daß nicht leicht angenommen werden kann, daß er die Ausgabe von 1533 vor sich gehabt, sich aber versehen oder zweimal verschrieben hätte — so wird man diese Bleistiftnotizen, die, wenn sie von einem andern herrührten, ganz belanglos wären, zum mindesten der Mitteilung wert erachten müssen.

FSC
www.fsc.org
MIX
Papier | Fördert gute Waldnutzung
FSC® C083411

Kolibri 360 GmbH
Ferdinand-Jühlke-Straße 7
99095 Erfurt, Deutschland
produktsicherheit@kolibri360.de